일러두기

Play 스토어에서 QR Droid Private을 설치하신 후 위의 QR코드를 스캔해 보세요. 글샘교육의 다양한 무료컨텐츠를 만나보실 수 있습니다.

양질의 토양위에 뿌리와 줄기와 꽃, 잎, 열매로 구성된 한그루의 튼실한 나무처럼 한자공부의 밑거름이 되어 줄 알차고 튼튼한 구성을 알아봅시다.

이야기로 배우는 한자

'방구팔삼월', '지혜로운 선덕여왕과 지귀' 이야기를 읽어가면서 생각을 키우고 한자를 자연스럽게 익힐 수 있도록 하였습니다.

새로 배우는 한자와 이미 배운 한자

- 소단원에서 배우게 되는 새로운 한자와 음훈을 한 눈에 볼 수 있습니다.
- 이미 배운 한자는 앞 단계에서 배운 한자와 음훈을 수록하였습니다.

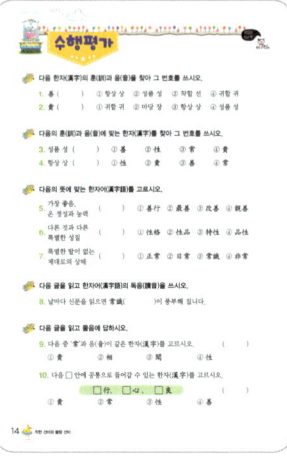 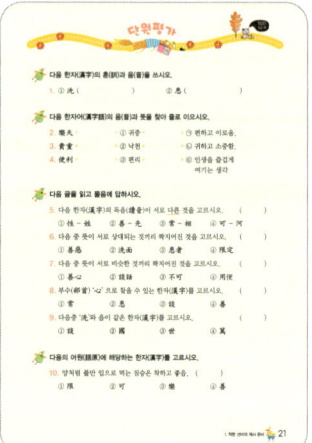

수행평가

각 소단위 학습을 마친 후 문제를 풀어 봄으로써 학습의 성취도를 알 수 있도록 하였습니다.

단원평가

단원 학습을 마친 후 다양한 문제 풀이를 해 봄으로써 배운 내용들을 꼼꼼히 정리하고 이해를 다질 수 있게 하였습니다.

생각 키우기

어휘의 신장과 사고력을 높이기 위하여 놀이마당에서는 여러 형태의 놀이를 제시하고 만화로 엮은 사자성어로 재미있게 읽을거리를 마련하였습니다.

① 한자 기본 익히기

한자 공부의 기본인 훈음, 부수, 총획수 이외에도 중국에서 사용하는 간체자와 발음(병음)을 표기하여 좀 더 깊이 있고 다양한 지식 습득이 가능하게 하였습니다.

② 한자 삽화

삽화를 보며 한자의 원리를 생각할 수 있게 하였습니다.

③ 한자 용례

초등학교 교과서에서 가장 많이 활용 하는 단어를 중심으로 용례를 제시하여 한자의 의미를 더 친숙하게 기억하고 독서논술에 활용할 수 있도록 하였습니다.

④ 한자 어원

한자가 만들어지게 된 과정을 설명하고 그림으로 보여줌으로서 한자에 대해 쉽게 이해하고 기초 지식을 튼튼히 할 수 있도록 하였습니다.

⑤ 활용 문장

한자의 활용을 통해 한자의 다양한 쓰임과 한자어의 의미를 자연스럽게 익혀 독서논술에 활용할 수 있도록 하였습니다.

⑥ 한자 쓰기

새로 배운 한자를 필순에 따라 쓸 수 있도록 하였습니다.

본 교재는 어린이들이 좋아하는 옛날이야기 중에서 孝(효)와 禮(예)와 관련된 것을 초등학교 교육용 한자를 바탕으로 재구성하였다. 이는 한자 공부에 대한 학습 흥미를 가지고 접근하도록 하는 한편, 이야기에 나오는 한자·한자어·한자 어구를 익혀, 일상 언어생활을 풍부하게 하며 더 나아가서 자신의 의견이나 생각을 논리적으로 표현할 수 있는 논술력의 바탕을 기르고자 함에 있다. 또한 이야기를 통하여 인성 교육의 바탕이 되는 孝(효)와 禮(예)의 근본정신을 가르치고자 한다.

1) 孝(효)와 禮(예)와 관련된 옛날이야기를 읽기와 동영상을 통하여 한자에 흥미를 갖도록 한다.
2) 이야기와 관련된 한자 및 한자어의 음과 훈을 바르게 읽고 쓸 수 있다.
3) 한자어의 뜻을 알고 사용 용례의 공부를 통하여 풍부한 어휘력과 문장력을 기른다.
4) 간단한 간체자 및 한자의 중국어 발음을 통하여 세계화 시대의 다양한 학습 경험을 접한다.
5) 수행평가 및 단원 평가를 해결하는 과정에서 자기 주도적 학습력을 기른다.
6) 만화 사자성어를 통하여 한자 어구에 대한 간결명료한 표현 방법을 배우고 활용할 수 있다.
7) 재미있고 다양한 한자 게임을 통하여 배운 한자를 심화 학습한다.

	1 단계	2 단계	3 단계	4 단계	5 단계	6 단계
내 용	• 재구성된 옛날이야기에 나오는 한자의 뜻을 이해하고, 한자 공부에 대한 학습에 흥미를 갖도록 한다. • 단원별 이야기에 나오는 한자의 음과 훈을 알고 필순에 맞게 쓰도록 한다. • 한자어의 뜻을 바르게 이해하고 활용 사례를 익힌다. • 한자의 간체자를 써 보고 중국어로 발음하여 본다. • 단원별 이야기를 읽고 나의 생활 경험에 비추어 반성하여 본다.					
주안점	• 이야기 관련 한자어 및 한자를 배우고 바르게 사용하기 • 이야기와 관련하여 느낀 점을 친구들과 말하여 보고 나의 생활 반성하기					
	음과 훈 읽기	음과 훈을 읽고 필순에 맞게 따라 쓰기		음과 훈을 읽고 필순에 맞게 외워 쓰기		한자로 문장 만들기

	1 단계	2 단계	3 단계		4 단계		5 단계		6 단계	
시간수	30	30	3-1	**15**	4-1	15	5-1	15	6-1	15
			3-2	**15**	4-2	15	5-2	15	6-2	15
새로 배운 한자수	60	60	3-1	**60**	4-1	60	5-1	60	6-1	60
			3-2	**60**	4-2	60	5-2	60	6-2	60
새로 배운 한자누계	60	120	**240**		360		480		600	

#	한자	훈음
1	古	옛 고
2	今	이제, 지금 금
3	問	물을 문
4	答	대답할 답
5	活	살 활
6	用	쓸 용
7	出	날 출
8	入	들 입
9	書	글 서
10	室	방, 집 실
11	飮	마실 음
12	食	밥, 먹을 식
13	雨	비 우
14	氣	기운 기
15	居	살 거
16	急	급할 급
17	弱	약할 약
18	散	흩을 산
19	風	바람 풍
20	霜	서리 상
21	溫	따뜻할 온
22	熱	더울 열
23	文	글월 문
24	字	글자 자
25	運	옮길 운
26	平	평평할 평
27	和	화목할 화
28	言	말씀 언
29	行	다닐 행, 항렬 항
30	孝	효도 효

QR 코드를 찍어서 신나는 한자 노래를 만나보아요.

초등한자 3단계 1

QR 코드를 찍어서
신나는 한자 노래를 만나보아요.

31 有 있을 유	32 無 없을 무	33 紙 종이 지	34 筆 붓 필	35 血 피 혈
36 肉 고기 육	37 正 바를 정	38 品 물건 품	39 市 시장 시	40 斗 말 두
41 主 주인 주	42 世 인간 세	43 王 임금 왕	44 國 나라 국	45 立 설 립(입)
46 來 올 래(내)	47 登 오를 등	48 代 대신할 대	49 音 소리 음	50 夕 저녁 석
51 寒 찰 한	52 冷 찰 랭(냉)	53 氷 얼음 빙	54 車 수레 차, 거	55 住 살 주
56 敎 가르칠 교	57 習 익힐 습	58 衣 옷 의	59 雪 눈 설	60 先 먼저 선

초등한자 3단계 2

#	한자	훈음
1	凡	무릇 범
2	事	일, 섬길 사
3	美	아름다울 미
4	萬	일만 만
5	道	길 도
6	路	길 로(노)
7	村	마을 촌
8	面	낯 면
9	晝	낮 주
10	夜	밤 야
11	野	들 야
12	歌	노래 가
13	當	마땅할 당
14	場	마당 장
15	合	합할 합
16	同	한가지 동
17	強	강할 강
18	幸	다행 행
19	安	편안할 안
20	福	복 복
21	服	옷 복
22	角	뿔 각
23	形	형상 형
24	動	움직일 동
25	淸	맑을 청
26	午	낮 오
27	庭	뜰 정
28	離	떠날 리(이)
29	相	서로 상
30	助	도울 조

31 姉 손윗누이 자	32 妹 손아래누이 매	33 未 아닐 미	34 直 곧을 직	35 億 억 억
36 加 더할 가	37 洞 마을 동, 통할 통	38 里 마을 리(이)	39 邑 고을 읍	40 光 빛 광
41 危 위태로울 위	42 競 다툴 경	43 走 달릴 주	44 勝 이길 승	45 敗 패할 패
46 洋 큰 바다 양	47 共 함께 공	48 朝 아침 조	49 技 재주 기	50 史 역사 사
51 別 다를 별	52 原 근원 원	53 料 헤아릴 료(요)	54 植 심을 식	55 投 던질 투
56 退 물러날 퇴	57 協 합할 협	58 打 칠 타	59 末 끝 말	60 師 스승 사

3-1 단계

방구팔삼월(方口八三月)

1. 훈장님의 외출 — 10
2. 휘몰아치는 폭풍우 — 24
3. 方口八三月(방구팔삼월) — 38
4. 市中小斗用(시중소두용) — 52

별의 눈동자 — 66

- 214字 부수(部首) 일람표 — 149
- 수행평가 및 단원평가 정답 — 152
- 한자색인목록 — 154
- 사자성어, 반의어, 동의어, 동음이의어 — 156
- 판별지 — 158

1. 훈장님의 외출

- 고금, 문답, 활용, 출입, 서실, 음식 등의 한자어를 공부해 봅시다.
- 자신이 배운 것을 일상생활에 활용하는 능력을 길러 봅시다.

QR을 찍으면 구연동화로 재생 됩니다.

예로부터 동서 **古今**(고금)을 통하여 살펴보면 아이들의 상상력은 어른들의 생각을 뛰어넘는 기발함으로 가득 차 있습니다.

고금 : 옛날과 지금

옛날 어느 서당에서 있었던 이야기입니다. 그 서당 훈장님은 아이들을 가르치실 때 **問答**(문답)으로 이야기를 나누는 중에 글의 뜻을 깨우칠 수 있도록 가르치시는 분이셨습니다.

문답 : 서로 묻고 대답함

이로 인하여 서당 아이들은 자신이 배운 글을 일상생활에서

다양하게 **活用**(활용)하는 능력이 뛰어났습니다.
활용 : 그것이 지닌 능력이나 기능을 제대로 잘 쓰는 것

어느 날 훈장님께서 잔칫집에 가야할 일이 생겨서 아이들에게 당부를 하셨습니다.

"얘들아! 잠시 생일잔치에 다녀올테니 문밖 **出入**(출입)을 삼가하고
출입 : 나가고 들어옴

書室(서실)에서 열심히 글공부를 하고 있거라."
서실 : 책을 갖추어 두고 글을 읽거나 쓰는 방

잔칫집에 가신 훈장님은 친구들과 이야기도 나누고, 맛있는 **飮食**(음식)도
음식 : 사람이 영양을 위해 먹고 마시는 것

드시며 놀다가 날이 어둡기 전에 집에 가야겠다고 생각하고 길을 나섰습니다.

집으로 돌아오는 길을 반쯤이나 왔을 때였습니다.

1. 훈장님의 외출

 옛 고

口부 2획 (총5획)

古 ⓒ gǔ

많은(十)사람의 입에 오르내린 말(口)은 이미 오래된 옛날 이야기니 '옛 고'
• 十(열 십, 많을 십), 口(입 구, 말할 구, 구멍 구)

- 古木(고목) : 여러해 자라 나이가 많은 나무. (木:나무 목)
  – 마을 입구에 있는 느티나무는 古木(고목)입니다.

- 古今(고금) : 옛날과 지금. (今:이제 금)
  – 이야기는 古今(고금)을 통하여 언제나 재미가 있습니다.

 이제, 지금 금

人부 2획 (총4획)

今 ⓒ jīn

사람(人)이 하나(一)같이 모여드는(ㄱ) 때가 바로 이제 오늘이니 '이제 금', '지금 금'
• ㄱ [이를 급, 미칠 급(及)의 변형]

- 今方(금방) : 바로 이제. 지금 막. (方:모 방)
  – 회사에 계신 아버지께 전자우편을 보냈는데 今方(금방) 답변이 왔습니다.

- 今日(금일) : 오늘. (日:날 일)
  – 학교 앞 분식집은 今日(금일) 휴업합니다.

古 古 古 古 古		今 今 今 今	
古	古	今	今
옛 고	옛 고	이제 금	이제 금

방구팔삼월 (方口八三月)

방구팔삼월(方口八三月) 1. 훈장님의 외출

물을 문
口부 8획 (총11획)
问 ㊥ wèn

 問

문(門)앞에서 말하여(口) 물으니 '물을 문'
• 門(문 문), 口(입 구, 말할 구, 구멍 구)

• 問安(문안) : 어른께 안부를 여쭘. (安:편안할 안)
　− 시골의 할아버지께 問安(문안) 편지를 썼습니다.

• 問題(문제) : 해답, 해명을 요구하는 질문. (題:문제 제, 제목 제)
　− 시험을 볼 때에는 問題(문제)를 잘 읽고 답을 써야 합니다.

대답할 답
竹부 6획 (총12획)
答 ㊥ dá

 答

대(竹)쪽에 글을 써 뜻에 맞게(合) 대답하고 갚으니 '대답할 답'
• 竹(대 죽), 合(합할 합, 맞을 합)

• 對答(대답) : 물음이나 부름 등에 응하는 말. (對:대답할 대, 대할 대)
　− 선생님의 질문에 對答(대답)은 큰 목소리로 해야 합니다.

• 問答(문답) : 묻고 대답함. (問:물을 문)
　− 오늘 사회 시간에는 問答(문답)식으로 공부를 하겠습니다.

問	問	問	問	問	問	問	問	問	問	答	答	答	答	答	答	答	答	答	答
問	問									答	答								
물을 문	물을 문									대답할 답	대답할 답								

수행평가

🦉 다음 한자(漢字)의 훈(訓)과 음(音)을 찾아 그 번호를 쓰시오.

1. 答 (   )   ① 물을 문   ② 대답할 답   ③ 머리 수   ④ 쌀 미
2. 今 (   )   ① 쇠 금   ② 힘 력   ③ 늙을 로   ④ 이제 금

🦉 다음의 훈(訓)과 음(音)에 맞는 한자(漢字)를 찾아 그 번호를 쓰시오.

3. 물을 문 (   )   ① 門   ② 目   ③ 明   ④ 問
4. 옛 고 (   )   ① 古   ② 犬   ③ 高   ④ 校

🦉 다음 한자(漢字)끼리 사다리 타기를 하여 연결되는 한자어(漢字語)를 읽고 독음을 쓰시오.

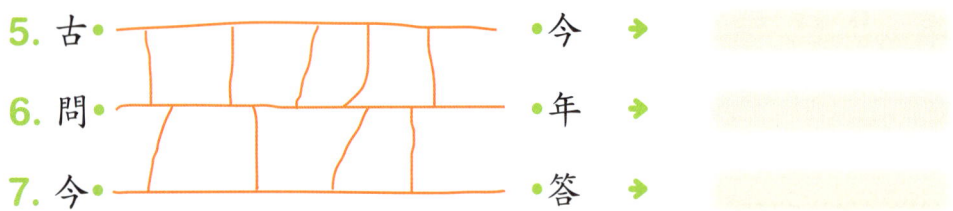

5. 古 •   • 今 →
6. 問 •   • 年 →
7. 今 •   • 答 →

🦉 다음 글을 읽고 물음에 답하시오.

8. '묻고 대답함'을 뜻하는 한자어(漢字語)를 고르시오. (   )
   ① 古今   ② 問答   ③ 門答   ④ 明答

9. 다음 중 한자(漢字)의 음(音)이 다른 것끼리 짝지어진 것을 고르시오.
   (   )
   ① 古 - 高   ② 今 - 金   ③ 答 - 田   ④ 問 - 門

🦉 다음 한자어(漢字語)의 독음(讀音)을 쓰시오.

10. 옛날 서당에서는 問答(   )식으로 한자를 익혔습니다.

방구팔삼월 (方口八三月) 1. 훈장님의 외출

活 살 활

氵(水)부 6획 (총9획)

活 ⊕ huó

물(氵)기가 혀(舌)에 있어야 살아서 움직이니 '살 활'
- 氵=水(물 수), 舌(혀 설)

- **活**用(활용) : 그것이 지닌 능력이나 기능을 잘 살려 씀. (用:쓸 용)
  - 컴퓨터 **活**用(활용)을 잘 하면 많은 지식을 얻을 수 있습니다.

- **活**動(활동) : 힘차게 몸을 움직임. (動:움직일 동)
  - 체육복은 **活**動(활동)을 하기에 편한 옷입니다.

用 쓸 용

用부 0획 (총5획)

用 ⊕ yòng

옛날에는 거북의 등 껍데기를 도구로 썼으니 그 모양을 본떠 '쓸 용'

- 利**用**(이용) : 물건을 쓸모있게 사용함. (利:이로울 리)
  - 출퇴근 시간에 대중교통을 利**用**(이용)해야 합니다.

- **用**品(용품) : 쓰이는 온갖 물품. (品:물건 품)
  - 외국에는 왼손잡이 **用**品(용품)이 많이 보급되어 있습니다.

活活活活活活活活活						用用月月用					
活	活					用	用				
살 활	살 활					쓸 용	쓸 용				

出 날 출

出 날 출
ㄴ부 3획 (총5획)
出 中 chū

卩 → 止 → 出

(높은데서 보면) 산(山)아래에 또 산(山)이 솟아 나오고 나가니 '날 출'
· 山(산 산)

- **出**品(출품) : 작품이나 물품을 내놓음. (品:물건 품)
  – 전시회에 작품을 **出**品(출품) 하였습니다.

- **出**入(출입) : 나가고 들어옴. (入:들 입)
  – 이 곳은 관계자 외 **出**入(출입)이 금지된 곳입니다.

入 들 입

入 들 입
入부 0획 (총2획)
入 中 rù

亽 → 人 → 入

사람이 머리 숙이고 들어가는 모습을 본떠서 '들 입'

- **入**口(입구) : 들어 가는 문. (口:입 구)
  – 돌들이 동굴 **入**口(입구)를 막고 있었습니다.

- **入**學(입학) : 학교에 들어가 학생이 됨. (學:배울 학)
  – 내 동생은 내년에 초등학교에 **入**學(입학)합니다.

出 屮 出 出 出					入 入				
出	出				入	入			
날 출	날 출				들 입	들 입			

방구팔삼월 (方口八三月)

방구팔삼월 (方口八三月) 1. 훈장님의 외출

 글 **서**
日부 6획 (총10획)
书   中 shū

 붓(聿)으로 말하듯(日)이 쓰니 '글 서'
· 聿(붓 율), 日(가로 왈)

- **書**堂(서당) : 글방. (堂:집 당)
  - 옛날 **書**堂(서당)은 초등 교육기관이었습니다.
- **書**室(서실) : 서재. (室:집 실)
  - 선생님은 지금 **書**室(서실)에서 글을 쓰고 계십니다.

 집, 방 **실**
宀부 6획 (총9획)
室   中 shì

 집(宀)에 이르러(至) 쉬는 곳이니 '집 실', '방 실'
· 宀(집 면), 至(이를 지, 지극할 지)

- 敎**室**(교실) : 학교에서 공부하는 방. (敎:가르칠 교)
  - 敎**室**(교실)에서는 조용히 공부해야 합니다.
- 溫**室**(온실) : 난방 장치를 한 방. (溫:따뜻할 온)
  - 溫**室**(온실) 안에 예쁜 꽃들이 피어 있습니다.

書書書書書書書書書書					室室室室室室室室室				
書	書				室	室			
글 서	글 서				집 실	집 실			

1. 훈장님의 외출   17

수행평가

다음 한자(漢字)의 훈(訓)과 음(音)을 찾아 그 번호를 쓰시오.

1. 書 (   )   ① 서녘 서   ② 바다 해   ③ 글 서   ④ 집 실
2. 活 (   )   ① 살 생   ② 푸를 청   ③ 봄 춘   ④ 살 활

다음의 훈(訓)과 음(音)에 맞는 한자(漢字)를 찾아 그 번호를 쓰시오.

3. 집 실 (   )   ① 老   ② 室   ③ 祖   ④ 位
4. 쓸 용 (   )   ① 月   ② 田   ③ 用   ④ 明

다음 한자(漢字)끼리 사다리 타기를 하여 연결되는 한자어(漢字語)를 읽고 독음을 쓰시오.

5. 活 — 用 →
6. 出 — 室 →
7. 書 — 入 →

다음 글을 읽고 물음에 답하시오.

8. '능력이나 기능을 잘 살려 씀'을 뜻하는 한자어(漢字語)를 고르시오.　(　　)

　① 生活　② 活用　③ 前後　④ 出入

9. 다음 한자(漢字)중 부수(部首)가 셋과 다른 하나를 고르시오. (   )
　① 古　② 問　③ 答　④ 口

다음 한자어(漢字語)의 독음(讀音)을 쓰시오.

10. 설악산은 자연을 보호하기 위하여 出入 (   )을 못하는 곳이 있습니다.

 방구팔삼월 (方口八三月)

방구팔삼월(方口八三月) 1. 훈장님의 외출

마실 음
食부 4획 (총13획)
饮 中 yǐn

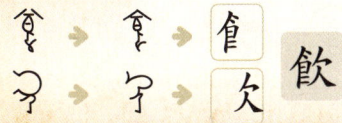
먹을때(食) 하품(欠)하듯 입을 벌리고 마시니 '마실 음'
• 食(밥 식, 먹을 식), 欠(하품 흠)

- 飮料水(음료수) : 먹는 물. (料:헤아릴 료, 재료 료, 값 료, 水:물 수)
  - 飮料水(음료수) 깡통을 무심코 툭 찼습니다.

- 飮食(음식) : 마시고 먹음. (食:밥 식, 먹을 식)
  - 飮食(음식)은 골고루 먹어야 한다고 생각합니다.

먹을 식
食부 0획 (총9획)
食 中 shí

사람(人)이 몸에 좋은(良)것을 먹으니 '밥 식', '먹을 식'
• 人(사람 인), 良(좋을 량, 어질 량)

- 食口(식구) : 한 집안에 살면서 끼니를 함께 하는 사람. (口:입 구)
  - 우리집 食口(식구)들은 중국 음식을 좋아합니다.

- 食品(식품) : 식료품. (品:물건 품)
  - 우유는 우리 몸에 좋은 食品(식품)입니다.

飮 飮 飮 飮 飮 飮 飮 飮 飮 飮 飮 飮 飮	食 食 食 食 食 食 食 食 食
飮	食
마실 음	먹을 식

수행평가

다음 한자(漢字)의 훈(訓)과 음(音)을 찾아 그 번호를 쓰시오.

1. 食 (   )   ① 빛 색   ② 풀 초   ③ 수풀 림   ④ 먹을 식
2. 飮 (   )   ① 소리 음   ② 먹을 식   ③ 마실 음   ④ 마디 촌

다음의 훈(訓)과 음(音)에 맞는 한자(漢字)를 찾아 그 번호를 쓰시오.

3. 마실 음 (   )   ① 室   ② 飮   ③ 書   ④ 出
4. 먹을 식 (   )   ① 食   ② 入   ③ 用   ④ 飮

서로 관계 있는 것끼리 선으로 이으시오.

5. 東, 南 •   • ㉠ 방향
6. 靑, 赤 •   • ㉡ 시대
7. 古, 今 •   • ㉢ 색깔

다음 글을 읽고 물음에 답하시오.

8. '먹고 마시는 것'을 뜻하는 한자어(漢字語)를 고르시오. (   )
    ① 生活   ② 飮食   ③ 活用   ④ 食用

9. 다음 중 '飮'자와 어울리는 한자(漢字)를 고르시오. (   )
    ① 土   ② 色   ③ 用   ④ 靑

10. 다음 □ 안에 공통으로 들어갈 수 있는 한자(漢字)를 고르시오.

    飮□, 間□, 後□   (   )

    ① 土   ② 色   ③ 用   ④ 食

단원평가

🐦 다음 한자(漢字)의 훈(訓)과 음(音)을 쓰시오.

1. ① 飮 (   )　　② 問 (   )

🐦 다음 한자(漢字)에 들어갈 부수(部首)를 쓰시오.

2. ◯舌 ➜ 살 활　　3. ◯欠 ➜ 마실 음

🐦 다음 뜻에 맞는 한자어(漢字語)를 고르시오.

4. 예나 지금 (   )

　① 出入　　② 古今　　③ 問答　　④ 學校

5. 나가고 들어옴 (   )

　① 多少　　② 長短　　③ 上下　　④ 出入

🐦 다음 글을 읽고 물음에 답하시오.

6. 뜻이 서로 상대되는 것끼리 짝지어진 한자어(漢字語)를 고르시오. (   )

　① 活用　　② 書室　　③ 問答　　④ 飮食

7. 뜻이 서로 비슷한 것끼리 짝지어진 한자어(漢字語)를 고르시오. (   )

　① 冷方　　② 問答　　③ 書室　　④ 生活

8. 다음 중 '食'과 어울리는 한자(漢字)를 고르시오. (   )

　① 答　　② 出　　③ 口　　④ 書

🐦 다음의 어원(語原)에 해당하는 한자(漢字)를 고르시오.

9. '붓으로 말하듯이 쓰는 것'을 나타냄. (   )

　① 本　　② 果　　③ 書　　④ 答

🐦 주어진 한자(漢字)로 경험이나 느낌을 살려서 짧은 글을 지으시오.

10. 出入 ➜

재미있는 사다리 타기

사다리를 타고 내려가 만나는 한자어(漢字語)의 독음(讀音)을 쓰고 뜻을 간단히 써 보세요.

古　　活　　問　　出

入　　用　　今　　答

| 음 | 음 | 음 | 음 |
| 뜻 | 뜻 | 뜻 | 뜻 |

一字千金

한 일　글자 자　일천 천　쇠 금

'한 글자가 천금'으로, 지극히 가치 있는 문장을 말할 때 쓰는 말.

2 휘몰아치는 폭풍우

QR을 찍으면 구연동화로 재생 됩니다.

- 우기, 풍상, 온열, 문자 등의 한자어 및 이야기 관련 한자를 공부해 봅시다.
- 일상생활에서 어려움에 부딪혔을 때의 해결 방법을 알아봅시다.

갑자기 하늘이 캄캄해지더니 차가운 **雨氣**(우기)가
우기 : 비가 내릴듯한 기운
느껴졌습니다. 그리고 순식간에 비바람이 몰아치기 시작하였습니다. 훈장님은 잠시 **居**(거)할 곳을 찾기에 **急急**(급급)하여 사방을 둘러보았습니다. 마침 바위 아래에 큰
급급 : (급한일에)열중하여 마음에 여유가 없음
구멍이 보였습니다. 훈장님과 앞서거니 뒤서거니 가던 쌀장수도 짐을 맨 채로 그 바위 구멍으로 들어갔습니다.

그런데 바로 그 때 **弱**(약)하게 불던 바람이 강하게 돌변하더니 '우르릉 쾅~!' 하는 소리와 함께 바위에 벼락이 내리쳤습니다. 순식간에 바위가 **散散**(산산)조각이 났습니다. 훈장
산산 : 아주 잘게 부서지거나 깨어짐
님은 그간 갖은 **風霜**(풍상)을
풍상 : 세상의 온갖 괴로운 일
겪어 보았지만 오늘 같은 일은 처음이라 깜짝 놀랐습니다.

잠시 후에 정신을 차

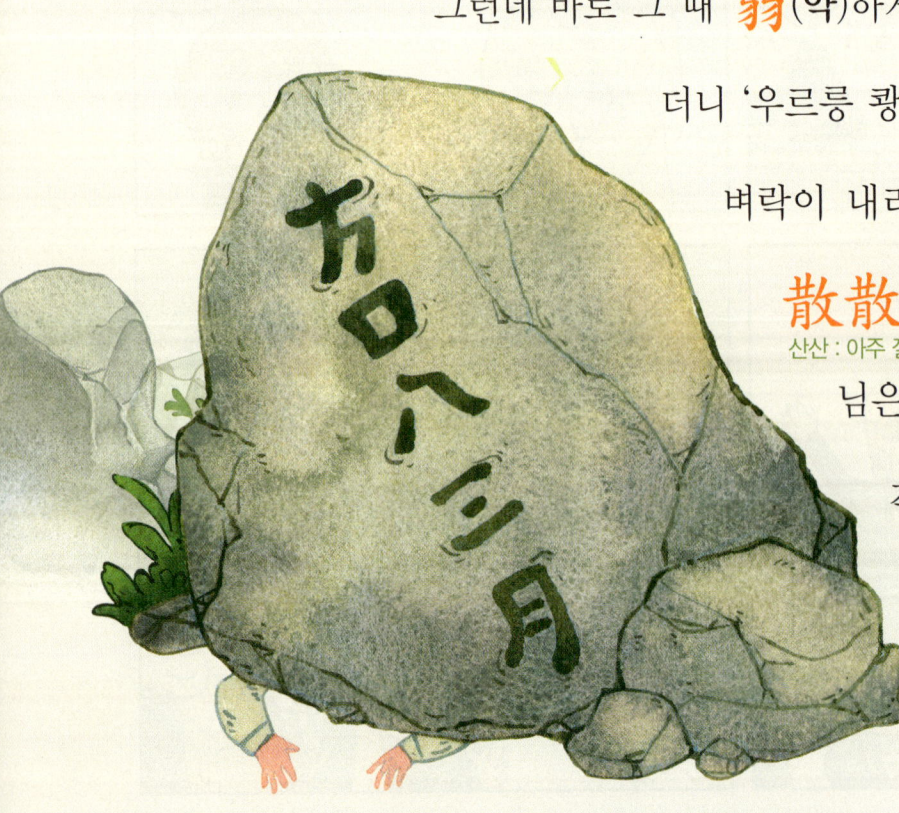

리고 사방을 살펴보니 갈라진 바위 밑에 쌀장수가 깔려있었습니다. 훈장님은 조심스레 다가가서 조금 전 벼락이 떨어진 바위에 손을 얹어 보았습니다. 바위 위에는 아직

溫熱 (온열)이 남아있었습니다.
온열 : 따스한 열

그런데 이게 웬일입니까?

'벼락으로 갈라진 바위 위에

文字 (문자)가 새겨져 있네!'
문자 : 말, 소리를 눈으로 볼 수 있는 글씨

훈장님은 바위 위에 새겨진 글이 궁금하여 자세히 들여다보았습니다.

雨	氣	居	急	弱	散
비 우	기운 기	살 거	급할 급	약할 약	흩을 산
風	霜	溫	熱	文	字
바람 풍	서리 상	따뜻할 온	더울 열	글월 문	글자 자

雨 비 우

雨부 0획 (총8획)

雨 中 yǔ

하늘(一)의 구름(冂)에서 내리는 물(水)이니 '비 우'
• 一('한 일'이나 여기서는 '하늘'로 봄), 冂('성경, 멀 경'이나 여기서는 '구름'으로 봄), 氵[물 수(水)가 글자의 발로 쓰일 때의 모습으로 '물 수 발']

뜻 활용
- 雨天(우천) : 비가 내리는 하늘. (天:하늘 천)
  - 雨天(우천)시에는 야구 경기가 중단됩니다.
- 雨氣(우기) : 비가 내릴 듯한 기운. (氣:기운 기)
  - 하늘은 雨氣(우기)가 가득합니다.

氣 기운 기

气부 6획 (총10획)

气 中 qì

증기(气)가 쌀(米)밥을 지을 때처럼 올라가니 '기운 기'
• 气(기운 기), 米(쌀 미)

뜻 활용
- 氣分(기분) : 마음에 생기는 감정 상태. (分:나눌 분)
  - 상쾌한 氣分(기분)으로 노래를 하였습니다.
- 氣溫(기온) : 대기의 온도. (溫:따뜻할 온)
  - 낮과 밤의 氣溫(기온)차가 심합니다.

雨雨雨雨雨雨雨雨				氣氣氣氣氣氣氣氣氣氣			
雨	雨			氣	氣		
비 우	비 우			기운 기	기운 기		

방구팔삼월 (方口八三月)

방구팔삼월(方口八三月)  2. 휘몰아치는 폭풍우

居 살 거

尸부 5획 (총8획)

居 中 jū 동의어 住(살 주)

몸(尸)이 오래(古) 머물러 사니 '살 거'
- 尸(주검 시, 몸 시), 古(오랠 고, 옛 고)

- 居住(거주) : 일정한 곳에 머물러 사는 것. (住:살 주)
  - 우리 동네는 居住(거주)하는 사람들의 주차 공간이 부족합니다.

- 居室(거실) : 가족이 공동으로 쓰고 손님을 맞는 방. (室:집 실)
  - 송이가 방문을 열고 居室(거실)로 나왔습니다.

急 급할 급

心부 5획 (총9획)

急 中 jí

위험을 느껴 아무 사람(ク)이나 손(ヨ)으로 잡는 마음(心)이니 '급할 급'
- ク[사람 인(人)의 변형], ヨ(오른 손 우), 心(마음 심)

- 急速(급속) : 몹시 빠름. (速 : 빠를 속)
  - 컴퓨터는 정보통신의 急速(급속)한 발전을 가져왔습니다.

- 急急(급급) : (급한 일에)열중하여 마음에 여유가 없음.
  - 그는 잘못을 뉘우치기는커녕 변명을 늘어놓기에 急急(급급)했습니다.

居居居居居居居				急急急急急急急急			
居	居			急	急		
살 거	살 거			급할 급	급할 급		

수행평가

정답은 152쪽

🐦 다음 한자(漢字)의 훈(訓)과 음(音)을 찾아 그 번호를 쓰시오.

1. 居 (　　) ① 살 활 ② 옛 고 ③ 살 거 ④ 바깥 외

2. 急 (　　) ① 대답할 답 ② 급할 급 ③ 붉을 적 ④ 빛 색

🐦 다음의 훈(訓)과 음(音)에 맞는 한자(漢字)를 찾아 그 번호를 쓰시오.

3. 기운 기 (　　) ① 氣　② 己　③ 巨　④ 室

4. 비 우 (　　) ① 牛　② 冬　③ 右　④ 雨

🐦 다음 한자(漢字)끼리 사다리 타기를 하여 연결되는 한자어(漢字語)를 읽고 독음을 쓰시오.

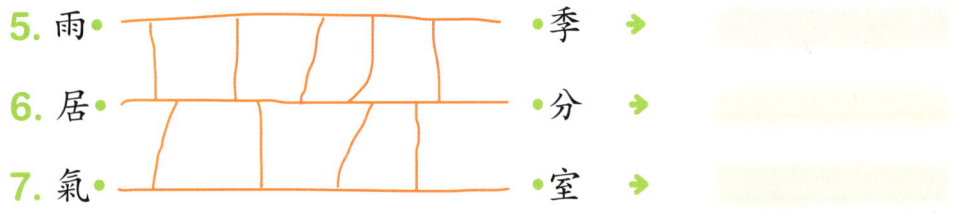

5. 雨 → 　　　
6. 居 → 　　　
7. 氣 → 　　　

🐦 다음 글을 읽고 물음에 답하시오.

8. '비가 내릴 듯한 기운'을 뜻하는 한자어(漢字語)를 고르시오. (　　)
① 雨氣　② 士氣　③ 右氣　④ 雨己

9. 다음 중 '居'와 음(音)이 같은 한자(漢字)를 고르시오. (　　)
① 土　② 巨　③ 用　④ 靑

10. 다음에서 날씨를 나타내는 한자(漢字)를 고르시오. (　　)
① 雨　② 氣　③ 東　④ 海

방구팔삼월(方口八三月) 2. 휘몰아치는 폭풍우

弱 약할 약

弓부 7획 (총10획)

弱 中 ruò

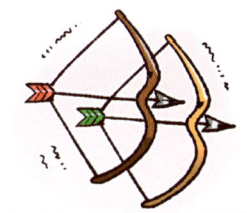

한번에 활 두개(弓弓)에다 화살 둘(丿丿)씩을 끼워 쏘면 힘이 약해지니 '약할 약'
- 弓(활 궁), 丿('삐침 별'이나 여기서는 화살로 봄)

뜻 활용
- 弱化(약화) : 세력이나 힘이 약하게 됨. (化:될 화)
  - 弱化(약화)된 태풍이 남해안을 빠져 나갔습니다.
- 弱風(약풍) : 약한 바람. (風:바람 풍)
  - 강한 비바람이 弱風(약풍)으로 바뀌었습니다.

散 흩을 산

攵부 8획 (총12획)

散 中 sǎn, sàn

풀(艹)이 난 땅(一)에 고기(月)를 놓고 치면(攵) 여러 조각으로 흩어지니 '흩을 산'
- 艹(초 두), 月(달 월, 육달월), 攵(칠 복)

뜻 활용
- 散策(산책) : 가벼운 마음으로 이리저리 거닒. (策:채찍 책, 꾀 책)
  - 아이는 할아버지 손을 잡고 散策(산책)을 나왔습니다.
- 散散(산산) : 아주 잘게 부서지거나 깨어짐.
  - 거울이 바닥에 떨어져 散散(산산)조각으로 부서졌습니다.

弱 弱 弱 弱 弱 弱 弱 弱 弱 弱	散 散 散 散 散 散 散 散 散 散 散 散
弱	散
약할 약	흩을 산

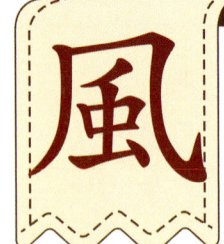

바람 풍

風부 0획 (총9획)

风　中 fēng

 무릇(凡) 벌레(虫)를 옮기는 것은 바람이니 '바람 풍'
- 凡(무릇 범, 보통 범), 虫(벌레 충)

- 寒風(한풍) : 차가운 바람. (寒:찰 한)
  - 골짜기에서 寒風(한풍)이 몰아쳤습니다.

- 風向(풍향) : 바람이 불어오는 방향. (向:향할 향)
  - 風向(풍향)이 바뀌자 불길이 잡혔습니다.

서리 상

雨부 9획 (총17획)

霜　中 shuāng

작은 빗(雨)방울이 서로(相) 얼어 붙으니 '서리 상'
- 雨(비 우), 相(서로 상)

- 秋霜(추상) : 가을의 찬 서리. 두려운 위엄이나 엄한 형벌의 비유. (秋:가을 추)
  - 秋霜(추상)같은 왕의 명령이 떨어졌습니다.

- 風霜(풍상) : 바람과 서리. 세상의 모든 고난. (風:바람 풍)
  - 마을의 느티나무는 온갖 風霜(풍상)을 다 겪었습니다.

風 凡 凡 凨 凨 凮 風 風 風			霜 霜 霜 霜 霜 霜 霜 霜 霜 霜 霜 霜		
風	風		霜	霜	
바람 풍	바람 풍		서리 상	서리 상	

방구팔삼월(方口八三月)

방구팔삼월(方口八三月) 2. 휘몰아치는 폭풍우

따뜻할 온
氵(水)부 10획 (총13획)
温 中 wēn

물(氵)을 죄인(囚)에게도 그릇(皿)으로 떠 주니 그 마음이 따뜻하다는 데서 '따뜻할 온'
• 氵= 水 (물 수), 囚(죄인 수), 皿(그릇 명)

 뜻 활용

- 溫度(온도) : 덥고 찬 정도. (度 : 법도 도)
  - 알에서 병아리가 깨어나려면 溫度(온도)가 적당해야 합니다.

- 溫熱(온열) : 따스한 열. (熱 : 더울 열)
  - 추운 날씨가 계속되어 실내에서 溫熱(온열) 기기를 가동시켰습니다.

더울 열
灬(火)부 11획 (총15획)
热 中 rè

심어(埶)놓은 불(灬)이라도 있는 듯 더우니 '더울 열'
• 埶(심을 예), 灬[불 화(火)가 글자의 발로 쓰일 때의 모습으로 '불 화']

 뜻 활용

- 熱氣(열기) : 뜨거운 기운. (氣 : 기운 기)
  - 응원의 熱氣(열기)가 대단하였습니다.

- 熱心(열심) : 어떤 일에 골똘히 힘씀. (心 : 마음 심)
  - 글라이더를 만들기 위해 熱心(열심)히 노력하였습니다.

溫溫溫溫溫溫溫溫溫溫溫溫溫					熱熱熱熱熱熱熱熱熱熱熱熱熱熱熱				
溫	溫				熱	熱			
따뜻할 온	따뜻할 온				더울 열	더울 열			

2. 휘몰아치는 폭풍우

수행평가

다음 한자(漢字)의 훈(訓)과 음(音)을 찾아 그 번호를 쓰시오.

1. 風 (   )   ① 비 우   ② 눈 설   ③ 서리 상   ④ 바람 풍
2. 散 (   )   ① 흩을 산   ② 메 산   ③ 기운 기   ④ 약할 약

다음의 훈(訓)과 음(音)에 맞는 한자(漢字)를 찾아 그 번호를 쓰시오.

3. 서리 상 (   )   ① 上   ② 霜   ③ 雨   ④ 左
4. 약할 약 (   )   ① 長   ② 全   ③ 弱   ④ 卒

다음 한자(漢字)끼리 사다리 타기를 하여 연결되는 한자어(漢字語)를 읽고 독음을 쓰시오.

5. 溫 — 度 →
6. 弱 — 雨 →
7. 風 — 風 →

다음 글을 읽고 물음에 답하시오.

8. '바람이 불어오는 방향'을 뜻하는 한자어(漢字語)를 고르시오. (   )
   ① 風力   ② 風向   ③ 弱風   ④ 風氣

9. 다음 중 '雨'와 음(音)이 같은 한자(漢字)를 고르시오. (   )
   ① 霜   ② 風   ③ 向   ④ 右

10. 다음 중 온도를 나타내는 한자(漢字)를 고르시오. (   )
    ① 風   ② 目   ③ 溫   ④ 弱

방구팔삼월(方口八三月) 2. 휘몰아치는 폭풍우

글월 문

文부 0획 (총4획)

文 中 wén

글자 획이 이리 저리 엇갈린 모양에서 '글월 문'

뜻 활용

- 文書(문서) : 일에 필요한 사항을 문장으로 나타낸 글. (書:글 서)
  - 옛날에는 노예 文書(문서)가 있었습니다.

- 文化(문화) : 모든 시대를 통하여 이룬 정신적, 물질적인 성과. (化:될 화)
  - 대회가 열리는 동안 여러가지 文化(문화) 행사도 볼 수 있습니다.

글자 자

子부 3획 (총6획)

字 中 zì

집(宀)에 자식(子)이 생기듯이 계속 만들어지는 글자니 '글자 자'
- 宀(집 면), 子 (아들 자)

뜻 활용

- 十字(십자) : 십(十)자 모양의 글자. (十:열 십)
  - 十字(십자) 말풀이를 재미있게 하였습니다.

- 文字(문자) : 말, 소리를 눈으로 볼 수 있는 글씨나 글자. (文:글월 문)
  - 휴대폰으로 文字(문자) 메세지가 왔습니다.

文 文 文 文						字 字 字 字 字 字					
文	文					字	字				
글월 문	글월 문					글자 자	글자 자				

수행평가

다음 한자(漢字)의 훈(訓)과 음(音)을 찾아 그 번호를 쓰시오.

1. 文 (   )   ① 글월 문   ② 글 서   ③ 그림 화   ④ 문서 장
2. 字 (   )   ① 스스로 자   ② 사람 자   ③ 글자 자   ④ 아들 자

다음의 훈(訓)과 음(音)에 맞는 한자(漢字)를 찾아 그 번호를 쓰시오.

3. 글자 자 (   )   ① 子   ② 自   ③ 字   ④ 文
4. 글월 문 (   )   ① 門   ② 文   ③ 問   ④ 字

서로 관계 있는 것끼리 선으로 이으시오.

5. 左, 右 •   • ㉠ 학습
6. 文, 字 •   • ㉡ 자연
7. 草, 木 •   • ㉢ 위치

다음 글을 읽고 물음에 답하시오.

8. '일에 필요한 사항을 문장으로 나타낸 글'을 뜻하는 한자어(漢字語)를 고르시오. (   )

   ① 文字   ② 文書   ③ 文士   ④ 問書

9. 다음 중 '文'자와 어울리는 한자(漢字)를 고르시오. (   )

   ① 子   ② 田   ③ 土   ④ 人

10. 다음 □ 안에 공통으로 들어갈 수 있는 한자(漢字)를 고르시오. (   )

    □書,   □字,   □人

    ① 字   ② 士   ③ 文   ④ 食

단원평가

🐦 다음 한자(漢字)의 훈(訓)과 음(音)을 쓰시오.

1. ① 散 (   )   ② 急 (   )

🐦 다음 한자(漢字)에 들어갈 부수(部首)를 쓰시오.

2. ◯ 昷 ➡ 따뜻할 온   3. 冃 ◯ ➡ 흩을 산

🐦 다음 뜻에 맞는 한자어(漢字語)를 고르시오.

4. 약한 바람 (   )

   ① 風雨   ② 弱風   ③ 溫風   ④ 大風

5. 뜨거운 기운 (   )

   ① 溫氣   ② 風霜   ③ 熱氣   ④ 熱力

🐦 다음 글을 읽고 물음에 답하시오.

6. 뜻이 서로 상대되는 것끼리 짝지어진 한자어(漢字語)를 고르시오. (   )

   ① 出入   ② 弱風   ③ 文字   ④ 溫熱

7. 뜻이 서로 비슷한 것끼리 짝지어진 한자어(漢字語)를 고르시오. (   )

   ① 散文   ② 風霜   ③ 雨氣   ④ 居住

8. 다음 중 제부수(諸部首)인 한자(漢字)를 고르시오. (   )

   ① 弱   ② 雨   ③ 字   ④ 氣

   *제부수(諸部首): 한자 자전에서 글자 자체가 부수인 글자. 日, 水, 火 등

🐦 다음의 어원(語原)에 해당하는 한자(漢字)를 고르시오.

9. 산 아래에 또 산이 솟아나 나가는 모습 (   )

   ① 草   ② 出   ③ 雨   ④ 用

🐦 주어진 한자(漢字)로 경험이나 느낌을 살려서 짧은 글을 지으시오.

10. 溫水 ➡

꼬불 꼬불 길찾아가기

찬일이는 할머니 댁에 심부름을 갑니다. 할머니 댁 가는 길의 갈림길에 한자(漢字)가 써 있습니다. 한자(漢字)의 바른 음(音)을 따라 가서 할머니 댁에 도착해 봅시다.

雨 - 비 / 우
風 - 선 / 풍
居 - 극 / 거
散 - 급 / 산
溫 - 열 / 온

3. 방구팔삼월(方口八三月)

QR을 찍으면 구연동화로 재생 됩니다.

- 평화, 언행, 유무, 지필, 혈육 등의 한자어를 공부해 봅시다.
- 부모님과 선생님의 소중함에 대하여 생각해 봅시다.

'나는 참 運(운)이 좋았구나! 그런데 方口八三月(방구팔삼월)! 이게 무슨뜻이지? 방구팔삼월, 방구팔삼월….'

훈장님은 아무리 골똘히 생각을 해 보아도 알 수가 없었습니다. 조금 전 벼락이 떨어지던 일만 생각하며 걷다 보니 어느새 서당 앞에 도착하였습니다. 아이들의 글 읽는 소리만 平和(평화)스럽게 들려왔습니다. 훈장님이 문을 열고 들어서자 한 아이가 말하였습니다.

평화 : 평온하고 화목함

"훈장님! 오늘은 바른 言行(언행)과
언행 : 말과 행동
孝子(효자)에 대하여 이야기를 나누었습니다."
효자 : 효성스러운 아들
아이가 칭찬을 받으려고 말씀드렸으나 훈장님은 여느 때와 달리 有口無言(유구무언)이셨습니다.
유구무언 : (입은 있으나 할 말이 없다는 뜻으로) 변명할 말이 없는 것
자세히 살펴보니 얼굴에 근심이 잔뜩 서려 있었습니다.

"훈장님, 외출하셨다가 무슨 걱정거리라도 만나셨습니까?"

"너희들은 몰라도 된다. 어서 가서 紙筆(지필) 도구나 가져 오너라."
지필 : 종이와 붓

"훈장님! 평소에 훈장님께서는 저희들에게 부모님은 血肉(혈육)을 주신
혈육 : 피와 살. 자기가 낳은 자녀
분이시고, 스승은 머릿속에 지혜를 주시는 소중한 분이라고 하셨습니다. 그런데 훈장님의 걱정을 어찌 모른 척 할 수가 있단 말입니까?"

새로 배우는 한자

運	平	和	言	行	孝
옮길 운	평평할 평	화목할 화	말씀 언	다닐 행, 항렬 항	효도 효
有	無	紙	筆	血	肉
있을 유	없을 무	종이 지	붓 필	피 혈	고기 육

이미 배운 한자

方	口	八	三	月	子
모, 방위 방	입 구	여덟 팔	석 삼	달 월	아들 자

옮길 운

辵(辶)부 9획 (총13획)

运　yùn

군사(軍)들이 갈(辶)때는 차도 운전하여 옮기니 '운전할 운', '옮길 운'
- 軍(군사 군), 辶(갈 착, 뛸 착)

- 運行(운행) : 운전하여 다님. (行 : 행할 행)
  − 성희 아버지는 시내버스를 運行(운행)하십니다.
- 運身(운신) : 몸을 움직임. (身 : 몸 신)
  − 나는 몸살이 심하게 나서 運身(운신)하기가 싫었습니다.

평평할 평

干부 2획 (총5획)

平　píng

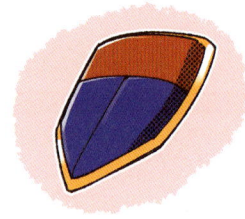

방패(干)의 나누어진(八) 면은 평평하니 '평평할 평'
- 干(방패 간), 八(여덟 팔, 나눌 팔)

- 平和(평화) : 평온하고 화목함. (和 : 화할 화)
  − 아가의 잠든 얼굴이 平和(평화)롭습니다.
- 平生(평생) : 일생. (生 : 날 생)
  − 철이 할아버지께서는 平生(평생) 농사를 지으셨습니다.

運	運				平	平			
옮길 운	옮길 운				평평할 평	평평할 평			

화목할 화

口부 5획 (총8획)

和 ⊕ hé, hè, hú, huó, huò

벼(禾)를 나누어 같이 입(口)으로 먹으면 화목하니 '화목할 화'
- 禾(벼 화), 口(입 구)

뜻 활용

- 和答(화답) : 시나 노래에 응하여 대답함. (答 : 대답할 답)
  - 바로 그때 和答(화답)하듯이 매미 소리가 들려왔습니다.

- 和親(화친) : 서로 의좋게 지내는 정분. (親 : 친할 친)
  - 고구려가 사신을 보내 和親(화친)을 청하였습니다.

말씀 언

言부 0획 (총7획)

言 ⊕ yán

머리(亠)로 두 번(二) 생각해 입(口)으로 말하니 '말씀 언'
- 亠(머리 두), 二(두 이), 口(입 구)

뜻 활용

- 言行(언행) : 말과 행동. (行 : 다닐 행)
  - 회장인 수호는 言行(언행)이 반듯합니다.

- 名言(명언) : 이치에 맞는 훌륭한 말. (名 : 훌륭할 명, 이름 명)
  - 많은 책 중에 名言(명언)만 모아 놓은 책이 있습니다.

수행평가

🐦 다음 한자(漢字)의 훈(訓)과 음(音)을 찾아 그 번호를 쓰시오.

1. 和 (   )   ① 화목할 화   ② 살 활   ③ 입 구   ④ 벼 화

2. 運 (   )   ① 날 생   ② 글자 자   ③ 옮길 운   ④ 기운 기

🐦 다음의 훈(訓)과 음(音)에 맞는 한자(漢字)를 찾아 그 번호를 쓰시오.

3. 평평할 평 (   )   ① 牛   ② 右   ③ 食   ④ 平

4. 말씀 언 (   )   ① 文   ② 言   ③ 語   ④ 字

🐦 다음의 뜻에 맞는 한자어(漢字語)를 고르시오.

5. 운전하여 다님 (   )   ① 馬夫   ② 運行   ③ 長人   ④ 老人

6. 평온하고 화목함 (   )   ① 平和   ② 平花   ③ 天地   ④ 地位

7. 말과 행동 (   )   ① 鳥足   ② 長短   ③ 言行   ④ 風霜

🐦 다음 글을 읽고 한자어(漢字語)의 독음(讀音)을 쓰시오.

8. 인류의 평화를 위해 조금씩 양보하며 平和(   )를 이루어야 합니다.

🐦 다음 글을 읽고 물음에 답하시오.

9. 다음 중 '和'와 음(音)이 같은 한자(漢字)를 고르시오. (   )

   ① 海   ② 花   ③ 後   ④ 運

10. 다음 중 '平'과 어울리는 한자(漢字)를 고르시오. (   )

    ① 運   ② 土   ③ 言   ④ 生

行 다닐 행, 항렬 항

行부 0획 (총6획)

行 中 háng, xíng

사람이 다니는 사거리를 본떠서 '다닐 행', 친척의 관계를 나타내어 '항렬 항'

뜻
- 行動(행동) : 동작을 하여 행하는 일. (動:움직일 동)
  - 인물의 성격은 그 사람의 말이나 行動(행동)으로 나타납니다.

활용
- 行列(항렬) : 같은 혈족의 직계에서 갈라져 나간 계통 사이의 대수 관계를 나타내는 말. (列:줄 열)
  - 형제나 자매는 같은 行列(항렬)이다.

孝 효도 효

子부 4획 (총7획)

孝 中 xiào

노인(耂)을 아들(子)이 받드니 '효도 효'
- 耂(늙을 로(老)가 부수로 쓰일 때의 모습으로 '늙을 로 엄'), 子(아들 자)

뜻
- 孝心(효심) : 효성스러운 마음. (心:마음 심)
  - 지은이는 孝心(효심)이 깊은 아이였습니다.

활용
- 孝子(효자) : 효성스러운 아들. (子:아들 자)
  - 우리나라는 예로부터 孝子(효자)가 많은 나라입니다.

行行行行行行					孝孝孝孝孝孝孝				
行	行				孝	孝			
다닐 행	다닐 행				효도 효	효도 효			

 있을 유
月부 2획 (총6획)
有 中 yǒu

 손(⺹)에 고기(月)를 가지고 있으니 '있을 유'
• ⺹(오른 손 우, 또 우(又)의 변형], 月(달 월, 육달 월)

- **有**名(유명) : 이름이 널리 알려져 있음. (名:이름 명)
  - 삼촌은 **有**名(유명)한 시인이십니다.

- **有**利(유리) : 이로움. (利:이로울 리)
  - 경기가 우리편에게 **有**利(유리) 합니다.

 없을 무
灬(火)부 8획 (총12획)
无 中 wú

 장작더미를 쌓아서 그 밑에 불(灬)을 지핀 모양으로 불타면 없어지니 '없을 무'
• 灬(불 화 발)

- **無**料(무료) : 값이나 삯이 없는 것. 공짜. (料:헤아릴 료)
  - 한자 경시 대회에 **無**料(무료)로 참가할 수 있는 자격을 줍니다.

- **無**理(무리) : 힘에 부치는 일을 억지로 함. (理:다스릴 리)
  - 그를 번개라고 부르는 것도 **無**理(무리)는 아닙니다.

有 有 有 有 有 有				無 無 無 無 無 無 無 無 無 無 無 無			
有	有			無	無		
있을 유	있을 유			없을 무	없을 무		

종이 지

糸부 4획 (총10획)

纸　zhǐ

　나무의 섬유질 실(糸)이 나무 뿌리(氏)처럼 얽혀서 만들어지니 '종이 지'
• 糸(실 사), 氏(성 씨, 뿌리 씨)

뜻
- 紙**筆**(지필) : 종이와 붓. (筆:붓 필)
  − 옛날에는 **紙**筆(지필) 도구가 무척 귀하였습니다.

활용
- 用**紙**(용지) : 어떤 일에 쓰는 종이. (用:쓸 용)
  − 성우는 A4 用**紙**(용지)에 만화를 그렸습니다.

붓 필

竹부 6획 (총12획)

笔　bǐ

대(竹)로 붓(聿)을 만들어 글씨를 쓰니 '붓 필'
• 竹(대 죽), 聿(붓 율)

뜻
- 名**筆**(명필) : 잘 쓴 글씨. 글씨를 잘쓰는 사람. (名:훌륭할 명, 이름 명)
  − 한석봉은 조선 시대 제일가는 名**筆**(명필)이었습니다.

활용
- **筆**記(필기) : 글씨를 씀. (記:기록할 기)
  − 책을 보면서 좋은 글귀를 **筆**記(필기) 하였습니다.

紙紙紙紙紙紙紙紙紙紙				筆筆筆筆筆筆筆筆筆筆筆筆			
紙	紙			筆	筆		
종이 지	종이 지			붓 필	붓 필		

수행평가

다음 한자(漢字)의 훈(訓)과 음(音)을 찾아 그 번호를 쓰시오.

1. 無 (   )   ① 없을 무   ② 효도 효   ③ 약할 약   ④ 더울 열
2. 紙 (   )   ① 흩을 산   ② 종이 지   ③ 바람 풍   ④ 옮길 운

다음의 훈(訓)과 음(音)에 맞는 한자(漢字)를 찾아 그 번호를 쓰시오.

3. 있을 유 (   )   ① 室   ② 食   ③ 有   ④ 行
4. 붓 필 (   )   ① 書   ② 文   ③ 言   ④ 筆

다음의 뜻에 맞는 한자어(漢字語)를 고르시오.

5. 효도를 행함   (   )   ① 孝字   ② 孝行   ③ 孝心   ④ 孝子
6. 어떤일에 쓰이는 종이 (   )   ① 用紙   ② 土地   ③ 大地   ④ 平紙
7. 이름이 널리 알려짐 (   )   ① 有明   ② 有無   ③ 巨名   ④ 有名

다음 글을 읽고 한자어(漢字語)의 독음(讀音)을 쓰시오.

8. 어머니께서 가스가 새는지 이상 有無(   )를 확인하셨습니다.

다음 글을 읽고 물음에 답하시오.

9. 다음 중 '紙'와 음(音)이 같은 한자(漢字)를 고르시오. (   )
   ① 筆   ② 地   ③ 書   ④ 文

10. 다음 중 '無'와 상대되는 한자(漢字)를 고르시오. (   )
    ① 行   ② 居   ③ 活   ④ 有

血 피 혈

血부 0획 (총6획)

血 　中 xiě, xuè

皿 → 血 → 血

고사 지낼 때 희생된 짐승의 피(丿)를 그릇(皿)에 담아 놓은 모양에서 '피 혈'
• 丿('삐침 별'이나 여기서는 피 방울을 말함), 皿(그릇 명)

- 血氣(혈기) : 왕성한 기운. (氣:기운 기)
  − 청년들은 血氣(혈기)가 넘칩니다.

- 血肉(혈육) : 피와 살. 자기가 낳은 자녀. (肉:몸 육, 고기 육)
  − 우리 민족은 血肉(혈육)에 대한 애정이 깊습니다.

肉 고기 육

肉부 0획 (총6획)

肉 　中 ròu

⺼ → 肉 → 肉

고기 덩어리(冂)에 근육이나 기름이 있는 모양을 본떠서 '고기 육'
• 冂('성 경, 멀 경'이나 여기서는 고기 덩어리로 봄),
人('사람 인'이나 여기서는 고기 속에 있는 근육이나 기름을 말함)

- 肉食(육식) : 동물의 고기를 먹음. (食:먹을 식)
  − 악어는 肉食(육식)동물입니다.

- 肉身(육신) : 사람의 몸. 육체. (身:몸 신)
  − 肉身(육신)을 부지런히 움직여야 건강에 좋습니다.

血血血血血血						肉肉肉肉肉肉					
血	血					肉	肉				
피 혈	피 혈					고기 육	고기 육				

수행평가

🐦 다음 한자(漢字)의 훈(訓)과 음(音)을 찾아 그 번호를 쓰시오.

1. 血 (   )   ① 말씀 언   ② 피 혈   ③ 다닐 행   ④ 붓 필
2. 肉 (   )   ① 있을 유   ② 효도 효   ③ 고기 육   ④ 종이 지

🐦 다음의 훈(訓)과 음(音)에 맞는 한자(漢字)를 찾아 그 번호를 쓰시오.

3. 고기 육 (   )   ① 身   ② 肉   ③ 溫   ④ 風
4. 피 혈   (   )   ① 血   ② 有   ③ 食   ④ 肉

🐦 다음의 뜻에 맞는 한자어(漢字語)를 고르시오.

5. 피와 살   (   )   ① 心身   ② 有無   ③ 平和   ④ 血肉
6. 사람의 몸   (   )   ① 六食   ② 食用   ③ 肉身   ④ 肉食
7. 왕성한 기운 (   )   ① 血氣   ② 溫氣   ③ 血己   ④ 血風

🐦 다음 글을 읽고 한자어(漢字語)의 독음(讀音)을 쓰시오.

8. 남북 이산가족 상봉으로 血肉(   )의 정을 나누었습니다.

🐦 다음 글을 읽고 물음에 답하시오.

9. 다음 중 '肉'과 음(音)이 같은 한자(漢字)를 고르시오. (   )
   ① 田   ② 育   ③ 雨   ④ 和

10. 다음 중 '血'과 어울리는 한자(漢字)를 고르시오. (   )
    ① 平   ② 言   ③ 弱   ④ 肉

단원평가

🐦 **다음 한자(漢字)의 훈(訓)과 음(音)을 쓰시오.**

1. ① 運 (　　　　) ② 筆 (　　　　)

🐦 **다음 한자(漢字)에 들어갈 부수(部首)를 쓰시오.**

2. 禾◯ ➔ 화목할 화　　　3. ◯亍 ➔ 다닐 행

🐦 **다음 뜻에 맞는 한자어(漢字語)를 고르시오.**

4. 시나 노래에 응하여 대답함 (　　　)
　① 和平　　② 和答　　③ 花答　　④ 火田

5. 평상시의 온도 (　　　)
　① 平溫　　② 平和　　③ 生前　　④ 木石

🐦 **다음 글을 읽고 물음에 답하시오.**

6. 뜻이 서로 상대되는 것끼리 짝지어진 한자어(漢字語)를 고르시오. (　　　)
　① 言行　　② 平地　　③ 平和　　④ 正答

7. 뜻이 서로 비슷한 것끼리 짝지어진 한자어(漢字語)를 고르시오. (　　　)
　① 言行　　② 和平　　③ 有無　　④ 孝行

8. 다음 중 '孝'와 어울리는 한자(漢字)를 고르시오. (　　　)
　① 風　　② 有　　③ 平　　④ 行

🐦 **다음의 어원(語原)에 해당하는 한자(漢字)를 고르시오.**

9. 머리로 두 번 생각하고 입으로 말하는 것. (　　　)
　① 自　　② 言　　③ 行　　④ 血

🐦 **주어진 한자(漢字)로 경험이나 느낌을 살려서 짧은 글을 지으시오.**

10. 平和 ➔

한자를 찾아 써 봅시다.

아래 그림을 보고 어울리는 한자(韓字)와 한자어(漢字語)를 보기에서 찾아 □ 안에 쓰고 읽어 봅시다.

보기

紙, 筆, 書, 敎室, 學生

4 市中小斗用(시중소두용)

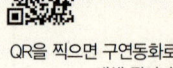
QR을 찍으면 구연동화로 재생 됩니다.

- 정품, 왕국 등의 한자어 및 이야기 관련 한자를 공부해 봅시다.
- 정직하지 않은 행동의 결과를 알아봅시다.

그 말을 들은 훈장님은 조금 전의 일을 소상히 말하며 「方口八三月(방구팔삼월)」 다섯 자를 세로로 쭈욱 썼습니다. 그런데 평소에 공부는 조금 부족하나, 매사에 눈치가 빠르고 기발한 생각을 하는 한 아이가

"훈장님! 저에게 正品(정품) 붓을 한 자루 주시지요."하고 말하였습니다.

정품 : 진짜이거나 온전한 물품

아이는 붓에다 먹을 듬뿍 찍더니 다섯 글자 가운데를 따라 선을 긋기 시작하였습니다. 그러자 다음과 같은 글이 되는 게 아니겠어요?

「方(방)자는 市(시), 口(구)자는 中(중), 八(팔)자는 小(소), 三(삼)자는 斗(두), 月(월)자는 用(용)」. 결국 '市中小斗用(시중소두용)'이 되었습니다.

즉 '시장 안에서 작은 되를 사용했다'는 뜻입니다.

"그 벼락 맞은 쌀가게 **主人**(주인)은 쌀을 사러 갈 때에는 큰 되를 사용하고
주인 : 어떤 물건을 자기 것으로 가진 사람

쌀을 팔러 갈 때에는 작은 되를 사용하여 이익을 챙겼던 것입니다. 얕은 꾀로

世上(세상) 사람들을 속이는 것에 하늘이 노하여 벼락을 내린
세상 : 생명체가 살고 있는 지구, 사람들이 생활하고 있는 사회

것입니다."

훈장님은 무릎을 탁! 치며

"너는 장차 한 **王國**(왕국)의 인재로 **立身**(입신)할 것이다.
왕국 : 왕이 다스리는 나라   입신 : 사회적으로 인정받고 높이 됨

그러니 **來日**(내일)부터 더욱 공부에 힘을 쓰거라!"라고
내일 : 오늘의 바로 다음날

칭찬하셨습니다.

그 아이는 후에 나라의 정승으로 **登用**
등용 : 인재를 뽑아 씀

(등용)되어 누구도 **代身**(대신)할 수 없을
대신 : 어떤 대상과 역할이나 책임을 바꾸거나 그것을 떠맡아 함

만큼 슬기롭게 나라일을 잘 보았다고 합니다.

| 正 | 品 | 市 | 斗 | 主 | 世 |
| 바를 정 | 물건 품 | 시장 시 | 말 두 | 주인 주 | 세상 세 |

| 王 | 國 | 立 | 來 | 登 | 代 |
| 임금 왕 | 나라 국 | 설 립(입) | 올 래(내) | 오를 등 | 대신할 대 |

| 方 | 口 | 八 | 三 | 月 | 中 |
| 모, 방위 방 | 입 구 | 여덟 팔 | 석 삼 | 달 월 | 가운데 중 |

| 小 | 用 | 人 | 上 | 身 | 日 |
| 작을 소 | 쓸 용 | 사람 인 | 위 상 | 몸 신 | 날 일 |

바를 정

止부 1획 (총5획)

正　zhèng

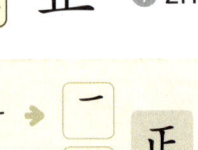

하나(一)에 그쳐(止) 열중함이 바르니 '바를 정'
- 一(한 일), 止(그칠 지)

뜻/활용

- 正答(정답) : 맞는 답. (答:대답할 답)
  - 그 문제는 1번이 正答(정답)입니다.

- 正品(정품) : 진짜이거나 온전한 물품. (品:물건 품)
  - 이 상품은 복제물이 아니라 正品(정품) 프로그램입니다.

물건 품

口부 6획 (총9획)

品　pǐn

여러 사람이 말하여(口) 물건에 대한 등급과 품위를 정하니 '물건 품'
- 口(입 구, 말할 구, 구멍 구)

뜻/활용

- 品種(품종) : 물품의 종류. (種:씨 종)
  - 우장춘 박사는 옥수수 品種(품종) 개발에 힘을 기울였습니다.

- 品行(품행) : 성품과 행실. (行:다닐 행)
  - 品行(품행)이 바른 아이는 누구나 좋아합니다.

正 正 正 正 正					品 品 品 品 品 品 品 品 品				
正	正				品	品			
바를 정	바를 정				물건 품	물건 품			

54　방구팔삼월 (方口八三月)

방구팔삼월(方口八三月)  4. 市中小斗用(시중소두용)

市 시장 시

巾부 2획 (총5획)

市 ⊕ shì

冋 → 帀 → 市

머리(亠)에 수건(巾) 두르고 가는 곳이니 '시장 시', '저자 시'
- 亠(머리 부분 두), 巾(수건 건)

- 市內(시내) : 도시의 안. (內:안 내)
  - 노인이 사는 곳은 市內(시내)에서 떨어진 작은 마을이었습니다.
- 市場(시장) : 각종 상품을 사고 파는 장소. (場:마당 장)
  - 市場(시장)에 가면 여러가지 물건이 있습니다.

斗 말 두

斗부 0획 (총4획)

斗 ⊕ dǒu, dòu

 → 斗

(곡식을 담아 양을 헤아리는)말 모양을 본떠서 '말 두'

- 斗量(두량) : 곡식을 되나 말로 헤아림. (量:헤아릴 량)
  - 농부는 거두어 들인 곡식을 斗量(두량) 하였습니다.
- 北斗七星(북두칠성) : 북쪽 하늘에 있는 국자 모양의 일곱개의 별. (星:별 성)
  - 밤하늘에 北斗七星(북두칠성)이 선명하게 보였습니다.

市市市市市					斗斗斗斗				
市	市				斗	斗			
시장 시	시장 시				말 두	말 두			

4. 市中小斗用(시중소두용) 55

수행평가

🦉 다음 한자(漢字)의 훈(訓)과 음(音)을 찾아 그 번호를 쓰시오.

1. 品 (   )   ① 입 구   ② 물건 품   ③ 쓸 용   ④ 말씀 언
2. 市 (   )   ① 시장 시   ② 종이 지   ③ 말 두   ④ 효도 효

🦉 다음의 훈(訓)과 음(音)에 맞는 한자(漢字)를 찾아 그 번호를 쓰시오.

3. 바를 정 (   )   ① 市   ② 血   ③ 肉   ④ 正
4. 말 두   (   )   ① 小   ② 土   ③ 斗   ④ 米

🦉 다음의 뜻에 맞는 한자어(漢字語)를 고르시오.

5. 맞는 답   (   ) ① 正答   ② 血肉   ③ 紙筆   ④ 文字
6. 성품과 행실 (   ) ① 心身   ② 平和   ③ 品行   ④ 風雨
7. 도시의 밖 (   ) ① 市內   ② 市外   ③ 示外   ④ 示內

🦉 다음 글을 읽고 한자어(漢字語)의 독음(讀音)을 쓰시오.

8. 물건을 살 때에는 正品(   )인지 꼭 확인해야 합니다.

🦉 다음 글을 읽고 물음에 답하시오.

9. 다음 중 '市'와 음(音)이 같은 한자(漢字)를 고르시오. (   )
   ① 示   ② 行   ③ 血   ④ 品

10. 다음 □ 안에 공통으로 들어갈 수 있는 한자(漢字)를 고르시오. (   )

    □品, □答, □門

    ① 平   ② 言   ③ 市   ④ 正

방구팔삼월(方口八三月)　4. 市中小斗用(시중소두용)

주인 주

、부 4획 (총5획)

主　⊕ zhǔ

(임금보다 더 책임감을 가지는 사람이 주인이니)
임금 왕(王)에 점(、)을 찍어 '주인 주'

- 主人(주인) : 한 집안을 꾸려 나가는 주되는 사람. (人:사람 인)
  - 어린이는 내일의 세상을 이끌어 갈 主人(주인) 입니다.

- 主張(주장) : 자기의 학설이나 견해를 내세움. (張:베풀 장)
  - 의견을 주고 받을 때에는 자기의 主張(주장)만 내세우지 않아야 합니다.

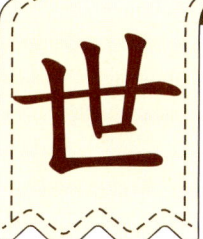

인간 세

一부 4획 (총5획)

世　⊕ shì

(한 세대를 30으로 봐서) 열 십(十) 셋을 합치고 세대는 서로 연결되어 있다는 데서 '세대, 세상, 인간 세'

- 世上(세상) : 바깥 사회. (上:위 상)
  - 나는 世上(세상)에서 제일가는 야구왕이 되고 싶었습니다.

- 世代(세대) : 여러 대. (代:시대 대, 대신할 대)
  - 우리는 다음 世代(세대)를 위하여 자연을 보호해야 합니다.

主 主 主 主 主					世 世 世 世 世				
主	主				世	世			
주인 주	주인 주				인간 세	인간 세			

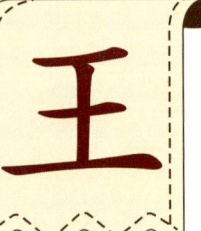

임금 왕

王부 0획 (총4획)

王 ⊕ wáng

하늘(一) 땅(一) 사람(一)을 두루 꿰뚫어(丨) 보는 분이니 '임금 왕'
- 一(한 일), 丨(뚫을 곤)

- 王國(왕국) : 임금이 다스리는 나라. (國:나라 국)
 - 네팔이라는 나라는 작은 王國(왕국) 입니다.

- 王室(왕실) : 임금의 집안. 황실(皇室). (室:집 실)
 - 그의 조상은 王室(왕실)의 요리사였습니다.

나라 국

口부 8획 (총11획)

国 ⊕ guó

사방을 에워싸고(口) 혹시(或)라도 쳐들어 올 것을 지키는 곳이니 '나라 국'
- 口[에운 담, 큰 입 구, 나라 국(國)의 약자], 或(혹시 혹)

- 國運(국운) : 나라의 운수. (運:움직일 운)
 - 역사를 보면 조선 말기에 國運(국운)이 기울었습니다.

- 國土(국토) : 나라의 영토. 나라의 땅. (土:흙 토)
 - 우리는 아름다운 國土(국토)를 후손에게 물려주어야 합니다.

王 王 王 王				國國国国国國國國國國國			
王	王			國	國		
임금 왕	임금 왕			나라 국	나라 국		

방구팔삼월(方口八三月)  4. 市中小斗用(시중소두용)

立

설 립(입)

立부 0획 (총5획)

立 中 lì

사람이 팔다리 벌리고 땅에 서 있는 모습에서 '설 립'

- 立法(입법) : 법률을 제정함. (法:법 법)
  - 국회는 올바른 법을 세우는 立法(입법) 기관입니다.

- 立身(입신) : 사회적으로 인정받고 높이 됨. (身:몸 신)
  - 그는 立身(입신)양명하여 후세에 이름을 떨쳤습니다.

來

올 래(내)

人부 6획 (총8획)

来 中 lái

나무(木) 밑으로 두 사람(人人)이 오니 '올 래'
- 木(나무 목), 人(사람 인)

- 來日(내일) : 오늘 바로 다음 날. (日:날 일)
  - 우리들은 오늘보다 더욱 희망찬 來日(내일)을 기약합니다.

- 元來(원래) : 본디. 처음부터. (元:으뜸 원)
  - 서울 청계천을 元來(원래) 모습으로 되돌려 놓았습니다.

立立立立立						來來來來來來來來						
立	立					來	來					
설 립	설 립					올 래	올 래					

수행평가

🐦 다음 한자(漢字)의 훈(訓)과 음(音)을 찾아 그 번호를 쓰시오.

1. 世 (   )   ① 주인 주   ② 세상 세   ③ 물건 품   ④ 시장 시
2. 國 (   )   ① 거리 가   ② 임금 주   ③ 나라 국   ④ 옮길 운

🐦 다음의 훈(訓)과 음(音)에 맞는 한자(漢字)를 찾아 그 번호를 쓰시오.

3. 설 립 (   )   ① 市   ② 血   ③ 肉   ④ 立
4. 올 래 (   )   ① 王   ② 來   ③ 斗   ④ 世

🐦 다음의 뜻에 맞는 한자어(漢字語)를 고르시오.

5. 임금이 다스리는 나라 (   )   ① 王國   ② 王主   ③ 王氣   ④ 王子
6. 나라의 운수   (   )   ① 內國   ② 王國   ③ 國位   ④ 國運
7. 오늘 바로 다음 날   (   )   ① 月日   ② 休日   ③ 元來   ④ 來日

🐦 다음 글을 읽고 한자어(漢字語)의 독음(讀音)을 쓰시오.

8. 한 王國(   )을 일으키려면 뛰어난 지도자가 필요합니다.

🐦 다음 글을 읽고 물음에 답하시오.

9. 다음 중 '世'와 어울리는 한자(漢字)를 고르시오. (   )
   ① 用   ② 正   ③ 上   ④ 王

10. 첫 음으로 쓰일 때 음(音)이 바뀌는 한자(漢字)를 고르시오. (   )
    ① 主   ② 和   ③ 平   ④ 立

방구팔삼월(方口八三月)　4. 市中小斗用(시중소두용)

오를 등

癶부 7획 (총12획)

登 中 dēng

제기(豆)처럼 납작한 곳을 디디며 걸어(癶) 오르니 '오를 등'
• 癶(등질 발, 걸을 발), 豆(제기 두, 콩 두)

- 登校(등교) : 학교에 감. (校:학교 교)
  - 아침 登校(등교) 길에 명원이를 보았습니다.

- 登用(등용) : 인재를 뽑아 씀. (用:쓸 용)
  - 임금님은 유능한 사람을 관리로 登用(등용)했습니다.

대신할 대

亻(人)부 3획 (총5획)

代 中 dài

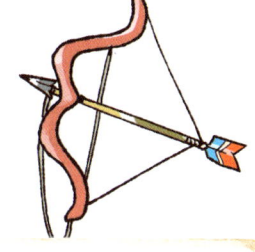

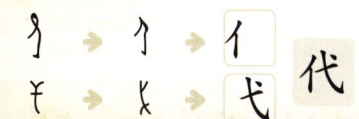

전쟁터에서는 사람(亻)이 할 일을 주살(弋)이 대신하니 '대신할 대'
• 亻= 人 (사람 인), 弋(주살 익 – 줄을 매어 쏘는 화살)

- 代表(대표) : 전체를 대신하여 성질, 특성을 나타냄. (表:나타날 표, 겉 표)
  - 희준이는 반 代表(대표)로 글짓기 대회에 나갔습니다.

- 代身(대신) : 꼭 해야 할 사람이 하지 않고 딴 사람이 하는 일. (身:몸 신)
  - 나 代身(대신) 기계가 청소를 해주면 정말 편할거야!

登登登登登登登登登登登登												代代代代代						
登	登											代	代					
오를 등	오를 등											대신할 대	대신할 대					

수행평가

🐦 다음 한자(漢字)의 훈(訓)과 음(音)을 찾아 그 번호를 쓰시오.

1. 登 (   ) ① 오를 등 ② 말 두   ③ 급할 급 ④ 다닐 행
2. 代 (   ) ① 없을 무 ② 대신할 대 ③ 바를 정 ④ 먹을 식

🐦 다음의 훈(訓)과 음(音)에 맞는 한자(漢字)를 찾아 그 번호를 쓰시오.

3. 대신할 대 (   ) ① 平 ② 代 ③ 紙 ④ 言
4. 오를 등 (   ) ① 斗 ② 霜 ③ 氣 ④ 登

🐦 다음의 뜻에 맞는 한자어(漢字語)를 고르시오.

5. 산에 오름   (   ) ① 登散 ② 登天 ③ 登山 ④ 高山
6. 학교에 감   (   ) ① 登山 ② 登用 ③ 登校 ④ 下校
7. 남의 일을 대행함 (   ) ① 代身 ② 大身 ③ 大臣 ④ 行人

🐦 다음 글을 읽고 한자어(漢字語)의 독음(讀音)을 쓰시오.

8. 사람들은 건강을 위하여 登山(   )을 합니다.

🐦 다음 글을 읽고 물음에 답하시오.

9. 다음 중 '代'와 음(音)이 같은 한자(漢字)를 고르시오. (   )
   ① 大   ② 市   ③ 斗   ④ 主

10. 다음 중 '登'과 어울리는 한자(漢字)를 고르시오. (   )
    ① 人   ② 校   ③ 代   ④ 世

단원평가

🐦 다음 한자(漢字)의 훈(訓)과 음(音)을 쓰시오.

1. ① 正 (   )   ② 斗 (   )

🐦 다음의 뜻에 맞는 한자(漢字)를 〈보기〉에서 골라 사자성어(四字成語)를 완성하시오.

보기: 古 問 無

2. 동양과 서양, 옛날과 지금 ➡ 東 西 ◯ 今

3. 물음에 대하여 맞지 않는 답을 함. ➡ 東 ◯ 西 答

4. 입이 있어도 할 말이 없음. ➡ 有 口 ◯ 言

🐦 다음 글을 읽고 물음에 답하시오.

5. 한자(漢字)의 독음(讀音)이 다른 것끼리 짝지어진 것을 고르시오. (   )
① 主 - 住   ② 代 - 大   ③ 問 - 文   ④ 品 - 風

6. 뜻이 서로 상대되는 것끼리 짝지어진 한자어(漢字語)를 고르시오. (   )
① 大小   ② 正品   ③ 登山   ④ 代身

7. 뜻이 서로 비슷한 것끼리 짝지어진 한자어(漢字語)를 고르시오. (   )
① 居住   ② 生死   ③ 火田   ④ 耳目

8. 다음 중 '王'과 어울리는 한자(漢字)를 고르시오. (   )
① 市   ② 世   ③ 國   ④ 來

🐦 다음의 어원(語原)에 해당하는 한자(漢字)를 고르시오.

9. 사람이 팔다리를 벌리고 땅에 서 있는 모습 (   )
① 入   ② 身   ③ 立   ④ 出

🐦 주어진 한자(漢字)로 경험이나 느낌을 살려서 짧은 글을 지으시오.

10. 言行 ➡

한자 주사위 놀이하기

친구와 같이 주사위 놀이를 하여 봅시다.

① 주사위를 던져 나온 숫자만큼 앞으로 갑니다.
② 해당 칸에 있는 한자(漢字)의 음(音)과 뜻(訓)을 이야기 해 봅시다.
③ 음(音)과 뜻(訓)을 말하지 못하면 다시 원래 있던 곳으로 되돌아옵니다.
　누가 먼저 도착하는지 출발해 볼까요?

출발

正　王　斗　市　品　代　來　國　世　登　主　市　正　代　斗　主　來　登　品

64　방구팔삼월 (方口八三月)

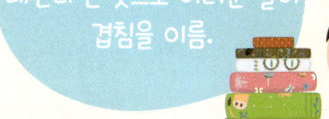

별의 눈동자

QR을 찍으면 구연동화로 재생 됩니다.

- 이야기와 관련한 한자를 공부해 봅시다.
- 소녀가 마을 사람들에게 사랑을 받은 까닭을 알아봅시다.

옛날 어느 작은 마을에 전해오는 이야기입니다.

멀리 교회당에서 아름다운 성탄절 노래 소리가 **和音**(화음)에 맞춰 은은하게 들려오는 **저녁[夕(석)]**이었습니다. 밖에는 **寒冷**(한랭)한 바람이 쌩쌩 불어와 몸을 움츠려들게 했습니다. 마을은 마치 **氷山**(빙산)에 둘러싸인 것처럼 추웠습니다. 얼어붙은 거리에는 사람도 **車**(차)도 다니지 않았습니다. 그런데 한적한 길모퉁이 빙판 위에 한 소녀가 쓰러져 있었습니다.

화음 : 높이가 서로 다른 여러 소리가 듣기 좋게 함께 어울리는 것
한랭 : (기온이 낮고) 매우 추움
빙산 : 바다에 떠 있는 큰 얼음 덩어리

그때 마침 지나가던 신사가 소녀를 발견하고는 집으로 데리고 갔습니다. 신사의 부인은 인정이 많은 사람으로 소녀가 마땅히 居住(거주)할 곳도 없다는 것을 알고는 함께 살기로 하였습니다.

거주 : 사람이 일정한 곳에 머물러 사는 것

소녀는 그동안 제대로 敎育(교육)을 받은 적이 없었지만, 무척 예의 바르고

교육 : 지식을 가르치고 인격을 기름

무엇이든 빠른 속도로 學習(학습)하는 사랑스런 아이였습니다. 그런데 신

학습 : 배워서 익힘

기한 일은 화려한 옷[衣(의)]을 입지 않아도 소녀는 항상 빛이 났습니다. 눈[雪(설)]처럼 하얀 얼굴에 마치 별빛이 잠긴 것처럼 아름다운 눈동자를 가지고 있었습니다. 마을 사람들은 누가 먼저[先(선)]라고 할 것도 없이 소녀를 '별의 눈동자'라고 불렀습니다.

소녀가 마을에 온지 3년째 되던 성탄절 전날 소녀는 세상을 떠났습니다. 그 순간 마을 사람들은 하얗게 피어 오른 구름이 아름다운 별처럼 반짝이는 것을 보았다고 합니다.

소리 음

음부 0획 (총9획)

音 中 yīn

音 → 音 → 音

서서(立) 말하여(曰) 소리치니 '소리' 음'
- 立(설 립), 曰(가로 왈)

- **音**聲(음성) : 사람의 발음 기관에서 나오는 소리. (聲:소리 성)
  - 아버지의 **音**聲(음성)이 들리는 듯 하였습니다.
- 和**音**(화음) : 높이가 서로 다른 여러 소리가 듣기 좋게 함께 어울리는 것. (和:화목할 화)
  - 합창대원들이 목소리를 합쳐 아름다운 和**音**(화음)을 이루었습니다.

저녁 석

夕부 0획 (총3획)

夕 中 xī

초승달이 구름에 가린 모양을 본떠서 '저녁' 석'

- **夕**陽(석양) : 저녁 햇볕. (陽:볕 양)
  - 강물을 붉게 물들인 **夕**陽(석양)이 아름답습니다.
- 秋**夕**(추석) : 한가위. (秋:가을 추)
  - 秋**夕**(추석)에는 온가족이 모입니다.

音音音音音音音音音				ククタ			
音	音			夕	夕		
소리 음	소리 음			저녁 석	저녁 석		

 찰 한

宀부 9획 (총12획)

寒 中 hán

寒 → 寒 → 寒

집(宀)이 우물(井) 하나(一)에 나누어(八) 나온 물이 얼음(冫)처럼 차니 '찰 한'
- 宀(집 면), 井(우물 정), 八(여덟 팔, 나눌 팔), 冫= 氷 (얼음 빙)

- 寒氣(한기) : 추운 기운. (氣:기운 기)
  - 몸살인지 寒氣(한기)가 들면서 온몸이 후들후들 떨렸다.

- 寒冷(한랭) : 매우 춥고 차가움. (冷:찰 랭)
  - 겨울에는 바람이 寒冷(한랭) 합니다.

 찰 랭(냉)

冫(氷)부 5획 (총7획)

冷 中 lěng

얼음(冫)처럼 상관의 명령(令)은 차니 '찰 랭'
- 冫= 氷(얼음 빙), 令(하여금 령, 명령할 령)

- 冷氣(냉기) : 찬 기운. (氣:기운 기)
  - 아직도 바람에 冷氣(냉기)가 느껴집니다.

- 冷水(냉수) : 차가운 물. (水:물 수)
  - 운동을 마치고 冷水(냉수)를 마셨습니다.

寒寒寒寒寒寒寒寒寒寒寒寒	冷冷冷冷冷冷冷
寒 寒	冷 冷
찰 한 찰 한	찰 랭 찰 랭

수행평가

🐤 다음 한자(漢字)의 훈(訓)과 음(音)을 찾아 그 번호를 쓰시오.

1. 音 (   ) ① 소리 성   ② 글월 문   ③ 소리 음   ④ 글 서
2. 寒 (   ) ① 서리 상   ② 찰 한   ③ 바람 풍   ④ 비 우

🐤 다음의 훈(訓)과 음(音)에 맞는 한자(漢字)를 찾아 그 번호를 쓰시오.

3. 저녁 석 (   ) ① 明   ② 夕   ③ 氣   ④ 風
4. 찰 냉 (   )   ① 寒   ② 霜   ③ 雨   ④ 冷

🐤 다음의 뜻에 맞는 한자어(漢字語)를 고르시오.

5. 긴 소리   (   ) ① 短音   ② 長飮   ③ 長音   ④ 弱音
6. 한가위   (   ) ① 秋夕   ② 春色   ③ 秋石   ④ 秋色
7. 차가운 바람 (   ) ① 冷水   ② 寒風   ③ 溫風   ④ 春風

🐤 다음 글을 읽고 한자어(漢字語)의 독음(讀音)을 쓰시오.

8. 겨울 추위는 寒冷(   )전선의 영향을 많이 받습니다.

🐤 다음 글을 읽고 물음에 답하시오.

9. 다음 중 '夕'과 음(音)이 같은 한자(漢字)를 고르시오. (   )
   ① 月   ② 石   ③ 犬   ④ 斗

10. 다음 □ 안에 공통으로 들어갈 수 있는 한자(漢字)를 고르시오.

    □氣, □水, □風   (   )

    ① 夕   ② 音   ③ 冷   ④ 和

얼음 빙

水부 1획 (총5획)

冰　中 bīng

氺 → 冰 → 氷　한 덩어리(丶)로 물(水)이 얼어붙으니 '얼음 빙'
　　　　　　　• 氷 = 冫(얼음 빙)

- 氷山(빙산) : 바다에 떠 있는 큰 얼음 덩어리. (山:메 산)
  - 배가 氷山(빙산)에 부딪혀 가라앉았습니다.

- 氷河(빙하) : 얼음이 얼어 붙은 큰 강. (河:물 하)
  - 이것은 氷河(빙하) 시대의 화석입니다.

수레 차, 거

車부 0획 (총7획)

车　中 chē, jū

車 → 車 → 車　수레 모양을 본떠서 '수레 차 · 거'

- 車道(차도) : 차만 통행하도록 정한 길. (道:길 도)
  - 도로는 車道(차도)와 인도가 구분되어 있습니다.

- 自動車(자동차) : 도로 위를 달리는 차. (自:스스로 자, 動:움직일 동)
  - 우리는 自動車(자동차) 홍수 시대에 살고 있습니다.

氷 氷 氷 氷 氷					車 車 車 車 車 車 車				
氷	氷				車	車			
얼음 빙	얼음 빙				수레 차	수레 차			

 **살 주**

亻(人)부 5획 (총7획)

住 中 zhù

사람(亻)이 주(主)로 있는 곳이니 '살 주'
- 亻= 人 (사람 인), 主(주인 주)

- **住**所(주소) : 생활의 근거가 되는 곳. (所:바 소)
  - 편지를 보낼 때에는 **住**所(주소)를 정확하게 써야 합니다.

- 居**住**(거주) : 사람이 일정한 곳에 머물러 사는 것. (居:살 거)
  - 선사 시대의 사람들은 주로 움집에서 居**住**(거주)했습니다.

 **가르칠 교**

攵부 7획 (총11획)

敎 中 jiāo, jiào

노인(耂)이 자식(子)에게 매를 들고(攵) 가르치는 것이니 '가르칠 교'
- 耂(늙을 로 엄), 子(아들 자), 攵(칠 복)

敎育(교육) : 지식을 가르치고 인격을 기름. (育:기를 육)
학교는 **敎**育(교육)을 하는 기관입니다.

敎材(교재) : 교수 학습에 쓰이는 여러 가지 재료. (材:재목 재)
어린 아이를 가르치는 **敎**材(교재)가 따로 있습니다.

住住住住住住住						敎敎敎敎敎敎敎敎敎敎敎					
住	住					敎	敎				
살 주	살 주					가르칠 교	가르칠 교				

習 익힐 습

羽부 5획 (총11획)

习 中 xí

깃(羽)이 흰(白) 어린 새가 나는 법을 연습한다는 데서 '익힐 습'
- 羽(깃 우), 白(흰 백, 밝을 백, 깨끗할 백, 말할 백)

- **學習**(학습) : 배워서 익힘. (學:배울 학)
  - 오늘은 대공원으로 체험 **學習**(학습)을 가는 날입니다.

- **習作**(습작) : 연습으로 작품을 만듦. (作:지을 작)
  - 좋은 작품을 위해서는 **習作**(습작)을 많이 해야 합니다.

衣 옷 의

衣부 0획 (총6획)

衣 中 yī, yì

동정과 옷고름이 있늘 저고리를 본떠서 '옷 의'
- 衣 = 衤(옷 의)

- **衣食住**(의식주) : 인간 생활의 삼대 요소. (食:먹을 식, 住:살 주)
  - 성호네는 **衣食住**(의식주) 걱정이 없습니다.

- **白衣**(백의) : 흰옷. 벼슬이 없는 선비. (白:흰 백)
  - 우리 민족은 흰옷을 즐겨입어 **白衣**(백의)민족이라 불리었습니다.

習習習習習習習習習習				衣衣衣衣衣衣			
習	習			衣	衣		
익힐 습	익힐 습			옷 의	옷 의		

수행평가

다음 한자(漢字)의 훈(訓)과 음(音)을 찾아 그 번호를 쓰시오.

1. 住 (   ) ① 살 거   ② 살 생   ③ 살 주   ④ 살 활
2. 習 (   ) ① 가르칠 교 ② 익힐 습 ③ 배울 학 ④ 집 실

다음의 훈(訓)과 음(音)에 맞는 한자(漢字)를 찾아 그 번호를 쓰시오.

3. 가르칠 교 (   ) ① 育   ② 習   ③ 敎   ④ 學
4. 옷 의 (   ) ① 居   ② 夕   ③ 音   ④ 衣

다음의 뜻에 맞는 한자어(漢字語)를 고르시오.

5. 지식을 가르치고 인격을 기름 (   ) ① 母校 ② 校育 ③ 敎育 ④ 登校
6. 배워서 익힘 (   ) ① 學習 ② 敎育 ③ 學問 ④ 大學
7. 높낮이가 다른 두 음이 울려 합성된 음 (   ) ① 火音 ② 和音 ③ 花音 ④ 犬音

다음 글을 읽고 한자어(漢字語)의 독음(讀音)을 쓰시오.

8. 사람이 살아가는데 가장 기본이 되는 것은 衣食住(   )입니다.

다음 글을 읽고 물음에 답하시오.

9. 다음 중 '住'와 음(音)이 같은 한자(漢字)를 고르시오. (   )
   ① 主   ② 王   ③ 居   ④ 行

10. 다음 □ 안에 공통으로 들어갈 수 있는 한자(漢字)를 고르시오.

    □河, □水, □上   (   )

    ① 寒   ② 冬   ③ 冷   ④ 氷

눈 설

雨부 3획 (총11획)

雪　中 xuě

비(雨)가 고슴도치 머리(ㅋ)처럼 어지럽게 내리니 '눈 설'
- 雨(비 우), (고슴도치 머리 계, 오른손 우)

- 雪景(설경) : 눈이 쌓인 경치. (景:볕 경)
  - 밤 사이 내린 눈으로 雪景(설경)이 아름답습니다.

- 雪山(설산) : 눈이 쌓인 산. (山:메 산)
  - 봄에도 설악산 꼭대기는 눈이 녹지 않아 雪山(설산)입니다.

먼저 선

儿부 4획 (총6획)

先　中 xiān

소(牛)처럼 어진 사람(儿)은 앞장서서 먼저 하니 '먼저 선'
- 牛(소 우), 儿(사람 인 발, 어진 사람 인)

- 先山(선산) : 조상의 무덤이 있는 곳. (山:메 산)
  - 부모님께서 통영에 先山(선산)이 있다고 말씀하셨습니다.

- 先進(선진) : 발전의 단계가 앞 섬. (進:나아갈 진)
  - 우리 나라의 인터넷 기술은 다른 나라에 비해 先進(선진)입니다.

雪雪雪雪雪雪雪雪雪雪雪							先先先先先先					
雪	雪						先	先				
눈 설	눈 설						먼저 선	먼저 선				

수행평가

🐦 다음 한자(漢字)의 훈(訓)과 음(音)을 찾아 그 번호를 쓰시오.

1. 雪 (   ) ① 얼음 빙   ② 찰 한   ③ 비 우   ④ 눈 설
2. 先 (   ) ① 먼저 선   ② 날 생   ③ 살 활   ④ 옷 의

🐦 다음의 훈(訓)과 음(音)에 맞는 한자(漢字)를 찾아 그 번호를 쓰시오.

3. 먼저 선 (   ) ① 生   ② 學   ③ 氷   ④ 先
4. 눈 설 (   ) ① 寒   ② 雪   ③ 雨   ④ 冷

🐦 다음의 뜻에 맞는 한자어(漢字語)를 고르시오.

5. 조상의 무덤이 있는 곳 (   ) ① 先金   ② 先生   ③ 先山   ④ 先王
6. 눈이 쌓인 산   (   ) ① 雪江   ② 氷山   ③ 雪土   ④ 雪山
7. 눈이 온 뒤의 추위   (   ) ① 雪寒   ② 雪風   ③ 冷風   ④ 氷河

🐦 다음 글을 읽고 한자어(漢字語)의 독음(讀音)을 쓰시오.

8. 장기나 바둑에서는 先手(   )를 쓰는 것이 유리합니다.

🐦 다음 글을 읽고 물음에 답하시오.

9. 다음 중 '雪'자와 어울리는 한자(漢字)를 고르시오. (   )
   ① 目   ② 先   ③ 音   ④ 山

10. 다음 □ 안에 공통으로 들어갈 수 있는 한자(漢字)를 고르시오.
    □生, □人, □山   (   )
    ① 霜   ② 先   ③ 雪   ④ 雨

단원평가

🐦 다음 한자(漢字)의 훈(訓)과 음(音)을 쓰시오.

1. ① 冷 (   )   ② 敎 (   )

🐦 다음의 뜻에 맞는 한자(漢字)를 〈보기〉에서 골라 사자성어(四字成語)를 완성하시오.

보기: 字 血 風

2. 말의 귀에 봄바람. 즉 말을 해도 듣지 않음. ➡ 馬耳東○

3. 새발의 피. 아주 적음. ➡ 鳥足之○

4. 매우 훌륭한 문장 ➡ 一○千金

🐦 다음 글을 읽고 물음에 답하시오.

5. 한자(漢字)의 독음(讀音)이 다른 것끼리 짝지어진 것을 고르시오. (   )
   ① 巨 - 居   ② 高 - 古   ③ 王 - 主   ④ 書 - 西

6. 뜻이 서로 상대되는 것끼리 짝지어진 한자어(漢字語)를 고르시오. (   )
   ① 冷溫   ② 學習   ③ 先生   ④ 氷水

7. 뜻이 서로 비슷한 것끼리 짝지어진 한자어(漢字語)를 고르시오. (   )
   ① 食前   ② 代身   ③ 寒冷   ④ 言文

8. 다음 중 제부수(諸部首)인 한자(漢字)를 고르시오. (   )
   ① 正   ② 血   ③ 孝   ④ 出

🐦 다음의 어원(語原)에 해당하는 한자(漢字)를 고르시오.

9. 초승달이 구름에 가린 모양을 본뜸. (   )
   ① 夕   ② 土   ③ 花   ④ 風

🐦 주어진 한자(漢字)로 경험이나 느낌을 살려서 짧은 글을 지으시오.

10. 學習 ➡

나는 어떤 한자일까요?

왼쪽 한자카드의 일부분이 지워져 있습니다. 무슨 글자인지 생각하여 보고 알맞은 음과 뜻을 연결해 봅시다.

音 •	• 착한
習 •	• 소리 음
雪 •	• 눈 설
車 •	• 익힐 습
善 •	• 수레 차

별의 눈동자

3-2 단계

지혜로운 선덕여왕과 지귀

1. 선덕여왕의 행차   80
2. 선덕여왕의 너그러움   94
3. 금팔찌를 내 준 선덕여왕   108
4. 불귀신이 된 지귀   122

백성들의 스승이신 선덕여왕   136

1 선덕여왕의 행차

QR을 찍으면 구연동화로 재생 됩니다.

- 범사, 도로, 주야 등의 한자어 및 이야기 관련 한자를 공부해 봅시다.
- 선덕여왕이 백성들로부터 칭송을 받은 이유를 생각해 봅시다.

신라시대부터 전해오는 선덕여왕 이야기입니다.

선덕여왕은 진평왕의 맏딸로 그 성품이 인자하고 **凡事**(범사)에 지혜로웠습니다. 그
범사 : 모든 일. 평범한 일
런데다 뛰어난 **美人**(미인)으로 모든
미인 : 용모가 아름다운 여자
백성들로부터 칭송을 받았습니다.

여왕의 행차가 있는 날이면 백성
들은 **萬事**(만사)를 제치고
만사 : 모든 일
거리로 뛰어나와 **道路**(도
도로 : 사람이나 차들이 다니는 큰 길
로)를 가득 메웠습니다.

그러한 백성들 틈에

지귀라는 젊은이가

있었습니다.

그는 **山村**(산촌)에 살
산촌 : 산 속에 있는 마을이나 고장

면서 약초를 캐어 서라벌로 팔러 오곤 하는 부지런한 젊은이였습니다. 그러던 어느 날 지귀는 행차하는 여왕의 아름다운 얼굴[面(면)]을 보고는 그만 혼자 좋아하게 되었습니다. 지귀는 잠도 자지 않고 밥도 먹지 않았습니다.

晝夜(주야)로 정신이 나간 사람
주야 : 밤낮
처럼 외쳐댔습니다.

"아름다운 여왕이여, 나의 선덕여왕이여!"

지귀는 산과 들[野(야)]을 뛰어 다니며 노래[歌(가)]를 불렀습니다.

새로 배우는 한자

凡	事	美	萬	道	路
무릇 범	일, 섬길 사	아름다울 미	일만 만	길 도	길 로(노)
村	面	晝	夜	野	歌
마을 촌	낯 면	낮 주	밤 야	들 야	노래 가

이미 배운 한자

人	事	山
사람 인	일 사	메 산

1. 선덕여왕의 행차

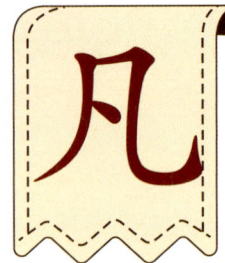 **무릇 범**
几부 1획 (총3획)

凡 中 fān

凡 → 尺 → 凡

(공부하는) 책상(几)에 점(丶)이 찍힘은 무릇 보통이니 '무릇 범'
• 几(책상 궤), 丶(점 주)

- 凡事(범사) : 모든 일. 평범한 일. (事:일 사)
  – 우리들은 凡事(범사)에 감사해야 합니다.

- 非凡(비범) : 보통이 아님. 뛰어남. (非:아닐 비)
  – 진수는 아주 非凡(비범)한 아이입니다.

 **일, 섬길 사**
亅부 7획 (총8획)

事 中 shì

✋ → 事 → 事

한(一) 입(口)이라도 더 먹이기 위해 손(ヨ)에 갈고리(亅)를 들고 일하면서 섬기니 '일 사', '섬길 사'
• ヨ (고슴도치 머리 계, 오른손 우), 亅(갈고리 궐)

- 記事(기사) : 어떤 사실을 신문 등에 보도하는 것. (記:기록할 기)
  – 오늘 숙제는 신문 記事(기사)를 읽고 공책에 요약하는 일입니다.

- 事實(사실) : 실제로 있었던 일이나 현재에 있는 일. (實:실제 실, 열매 실)
  – 어머니께서는 내가 잘못했을 때 事實(사실)대로 말하면 용서해 주십니다.

凡 凡 凡					事 事 事 事 事 事 事 事				
凡	凡				事	事			
무릇 **범**	무릇 범				일 **사**	일 사			

美 아름다울 미

羊부 3획 (총9획)

美 ⓒ měi

양(羊)이 크는(大) 모습처럼 아름다우니 '아름다울 미'
• 羊(양 양), 大(큰 대)

뜻/활용
- 美人(미인) : 용모가 아름다운 여자. (人:사람 인)
  - 진정한 美人(미인)은 용모뿐만 아니라 마음이 아름다운 사람입니다.
- 美風(미풍) : 아름다운 풍속. (風:바람 풍)
  - 우리 민족은 웃어른을 공경하는 美風(미풍)이 있습니다.

萬 일만 만

艹부 9획 (총13획)

万 ⓒ wàn

많은 수의 무리가 모여사는 벌을 본떠서 '일만 만'

뜻/활용
- 萬事(만사) : 모든 일. (事:일 사)
  - 올해는 萬事(만사)가 잘 되고 있습니다.
- 萬物(만물) : 세상에 존재하는 모든 것. (物:물건 물)
  - 萬物(만물)이 살아나는 봄이 왔습니다.

美美美美美美美美美						萬萬萬萬萬萬萬萬萬萬萬萬萬					
美	美					萬	萬				
아름다울 미	아름다울 미					일만 만	일만 만				

수행평가

🐦 다음 한자(漢字)의 훈(訓)과 음(音)을 찾아 그 번호를 쓰시오.

1. 美 (   ) ① 아름다울 미   ② 배울 학   ③ 양 양   ④ 물 하
2. 事 (   ) ① 살 활   ② 일 사   ③ 일 업   ④ 집 실

🐦 다음의 훈(訓)과 음(音)에 맞는 한자(漢字)를 찾아 그 번호를 쓰시오.

3. 무릇 범 (   ) ① 平   ② 犬   ③ 凡   ④ 字
4. 일만 만 (   ) ① 千   ② 萬   ③ 百   ④ 白

🐦 다음의 뜻에 맞는 한자어(漢字語)를 고르시오.

5. 모든 일   (   ) ① 行事   ② 食事   ③ 人事   ④ 萬事
6. 아름다운 풍속 (   ) ① 生活   ② 美風   ③ 品行   ④ 活用
7. 평범한 일   (   ) ① 凡事   ② 平凡   ③ 非凡   ④ 平和

🐦 다음 글을 읽고 한자어(漢字語)의 독음(讀音)을 쓰시오.

8. 人事(   )는 예절의 기본입니다.

🐦 다음 글을 읽고 물음에 답하시오.

9. 다음 중 '事'와 음(音)이 같은 한자(漢字)를 고르시오. (   )
   ① 市   ② 士   ③ 土   ④ 夕

10. 다음 □ 안에 공통으로 들어갈 수 있는 한자(漢字)를 고르시오.

    行□, 人□, 凡□   (   )
    ① 萬   ② 血   ③ 正   ④ 事

지혜로운 선덕여왕과 지귀 | 1. 선덕여왕의 행차

길 도

辵(辶)부 9획 (총13획)

道 中 dào

 道

머리(首)에 두르고 가야(辶)할 길이니 '도리', 또 도리에 맞는 길이니 '길 도'
- 首(머리 수), 辶(뛸 착, 갈 착)

- 道理(도리) : 사람이 마땅히 지켜야 할 바른 길. (理:다스릴 리)
  - 효도는 자식으로서의 道理(도리)입니다.

- 道路(도로) : 사람이나 차들이 다니는 큰 길. (路:길 로)
  - 道路(도로)에는 차가 많이 밀려 있었습니다.

길 로(노)

足부 6획 (총13획)

路 中 lù

 路

발(足)로 각각(各) 걸어 다니는 곳이니 '길 로'
- 足(발 족, 넉넉할 족), 各(각각 각)

- 路上(노상) : 길위. 길가는 도중. (上:위 상)
  - 路上(노상)에 환영 인파가 많았습니다.

- 進路(진로) : 앞으로 나아갈 길. (進:나아갈 진)
  - 축구경기에서 상대편 선수가 進路(진로) 방해를 하였습니다.

道道道道道道道道道道	路路路路路路路路路路路
道 道	路 路
길 도 길 도	길 로 길 로

 **마을 촌**

木부 3획 (총7획)

村 中 cūn

나무(木)를 법도(寸)에 맞게 심은 곳이니 '마을 촌'
• 木(나무 목), 寸(마디 촌, 법도 촌)

뜻활용

• 民俗村(민속촌) : 옛 전통을 간직하고 있는 마을. (民:백성 민, 俗:풍속 속)
  – 내일은 民俗村(민속촌)으로 현장 학습을 가는 날입니다.
• 山村(산촌) : 산속에 있는 마을. (山:메 산)
  – 山村(산촌)의 모습을 그림으로 그렸습니다.

 **낯 면**

面부 0획 (총9획)

面 中 miàn

사람 얼굴을 정면에서 본떠서 '낯 면'

뜻활용

• 正面(정면) : 앞으로 향하여 바로 마주 보이는 쪽. (正:바를 정)
  – 승용차가 마주오던 버스와 正面(정면)으로 충돌하였습니다.
• 場面(장면) : 어떤 장소에서 벌어진 광경. (場:마당 장)
  – 눈 오는 날의 풍경이 영화 속의 한 場面(장면)처럼 아름답습니다.

村村村村村村村	面面面面面面面面面
村　村	面　面
마을 촌　마을 촌	낯 면　낯 면

1. 선덕여왕의 행차

 낮 **주**

日부 7획 (총11획)

昼 中 zhòu

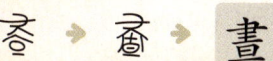 붓(聿)으로 해(日) 하나(一)를 그리니 '낮 주'
- 聿(붓 율), 日(해 일, 날 일), 一(한 일)

뜻
- **晝**夜(주야) : 밤낮. (夜:밤 야)
  - 삼촌은 **晝**夜(주야)로 시험 준비를 하고 있습니다.

활용
- **晝**間(주간) : 먼동이 터서 해가 지기 전까지의 동안. (間:사이 간)
  - **晝**間(주간)에 활동을 많이 합니다.

 밤 **야**

夕부 5획 (총8획)

夜 中 yè

머리(亠) 위로 사람(亻)이 달(月)을 볼 때는 어두워지니 '밤 야'
- 亠(머리 부분 두), 亻= 人 (사람 인), 月(달 월, 육달 월)

뜻
- **夜**光(야광) : 어두운 곳에서 빛을 냄. (光:빛 광)
  - 어린이들이 별자리 관찰 장소에 **夜**光(야광) 별을 붙여 놓았습니다.

활용
- **夜**食(야식) : 밤에 음식을 먹음. (食:밥 식)
  - 오늘은 **夜**食(야식)으로 김밥을 먹었습니다.

晝晝晝晝晝晝晝晝晝晝晝	夜夜夜夜夜夜夜夜
晝 晝	夜 夜
낮 주 낮 주	밤 야 밤 야

수행평가

다음 한자(漢字)의 훈(訓)과 음(音)을 찾아 그 번호를 쓰시오.

1. 路 (   ) ① 길 로   ② 길 도   ③ 마을 촌   ④ 밤 야
2. 晝 (   ) ① 글 서   ② 글월 문   ③ 낮 주   ④ 마을 촌

다음의 훈(訓)과 음(音)에 맞는 한자(漢字)를 찾아 그 번호를 쓰시오.

3. 밤 야 (   ) ① 夕   ② 住   ③ 夜   ④ 晝
4. 마을 촌 (   ) ① 面   ② 村   ③ 海   ④ 寸

다음의 뜻에 맞는 한자어(漢字語)를 고르시오.

5. 앞으로 향하여 마주 보이는 쪽 (   ) ① 面長   ② 面內   ③ 面目   ④ 正面
6. 길 위. 길가는 도중 (   ) ① 路上   ② 道路   ③ 行路   ④ 海上
7. 사람이나 차들이 다니는 큰 길 (   ) ① 行人   ② 道路   ③ 道土   ④ 道面

다음 글을 읽고 한자어(漢字語)의 독음(讀音)을 쓰시오.

8. 한자 급수 시험을 통과하기 위해 晝夜(   )를 가리지 않고 공부했습니다.

다음 글을 읽고 물음에 답하시오.

9. 다음 중 '路'와 음(音)이 같은 한자(漢字)를 고르시오. (   )
① 老   ② 冷   ③ 道   ④ 村

10. 첫 음으로 쓰일 때 음(音)이 바뀌지 않는 한자(漢字)를 고르시오. (   )
① 冷   ② 路   ③ 面   ④ 老

1. 선덕여왕의 행차

野 들 야

里부 4획 (총11획)

野 中 yě

마을(里)에서 내가(予) 좋아하는 곳은 먹거리를 주는 곳이니 '들 야'
• 里(마을 리, 거리 리), 予(나 여, 줄 여)

뜻 활용

- 野山(야산) : 집 근처의 나지막한 산. (山:메 산)
  - 학교 뒷편에 野山(야산)이 있습니다.
- 野生(야생) : 산이나 들에서 저절로 나서 자람. (生:날 생)
  - 野生(야생) 식물의 종류가 무척 많습니다.

歌 노래 가

欠부 10획 (총14획)

歌 中 gē

옳다(可) 옳다(可)하며 하품(欠)하듯 입을 벌리고 하는 것이니 '노래 가'
• 可(옳을 가, 가히 가, 허락할 가), 欠(하품 흠)

뜻 활용

- 歌曲(가곡) : 우리나라 전통 성악곡의 한 갈래. (曲:악곡 곡, 굽을 곡)
  - 나의 삼촌은 歌曲(가곡)을 즐겨 부릅니다.
- 歌手(가수) : 노래를 직업으로 하는 사람. (手:사람 수, 손 수)
  - 언니의 장래 희망은 歌手(가수)입니다.

野野野野野野野野野野野	歌歌歌歌歌歌歌歌歌歌歌歌歌歌
野 野	歌 歌
들 야 들 야	노래 가 노래 가

수행평가

🐦 다음 한자(漢字)의 훈(訓)과 음(音)을 찾아 그 번호를 쓰시오.

1. 野 (   ) ① 밤 야   ② 마을 촌   ③ 마을 리   ④ 들 야
2. 歌 (   ) ① 클 거   ② 노래 가   ③ 거리 가   ④ 수레 거

🐦 다음의 훈(訓)과 음(音)에 맞는 한자(漢字)를 찾아 그 번호를 쓰시오.

3. 노래 가 (   ) ① 室   ② 住   ③ 歌   ④ 有
4. 들 야　 (   ) ① 野   ② 夜   ③ 秋   ④ 村

🐦 다음의 뜻에 맞는 한자어(漢字語)를 고르시오.

5. 노래를 직업으로 하는 사람 (   ) ① 歌手   ② 木手   ③ 先手   ④ 夫人
6. 산이나 들에서 저절로 나는 풀 (   ) ① 火田   ② 野外   ③ 野草   ④ 生草
7. 집 근처의 나지막한 산 (   ) ① 登山   ② 野山   ③ 高山   ④ 火山

🐦 다음 글을 읽고 한자어(漢字語)의 독음(讀音)을 쓰시오.

8. 환경이 파괴될수록 野生(   ) 동물들이 사라져 갑니다.

🐦 다음 글을 읽고 물음에 답하시오.

9. 다음 중 '野'와 음(音)이 같은 한자(漢字)를 고르시오. (   )
   ① 食   ② 田   ③ 事   ④ 夜

10. 다음 □ 안에 공통으로 들어갈 수 있는 한자(漢字)를 고르시오.
    □生, □草, □山　　(   )
    ① 飮   ② 美   ③ 野   ④ 面

단원평가

🐦 다음 한자(漢字)의 훈(訓)과 음(音)을 쓰시오.

1. ① 道(   )   ② 夜(   )

🐦 다음의 뜻에 맞는 한자(漢字)를 〈보기〉에서 골라 사자성어(四字成語)를 완성하시오.

보기 美 萬 鳥

2. 모든 방면에 소질이 있고 잘함. ➜ 八方 ◯ 人

3. 한가지 일을 하여 두가지 이득을 봄. ➜ 一石二 ◯

4. 모든 일이 잘되어 어려움이 없음. ➜ ◯ 事太平

🐦 다음 글을 읽고 물음에 답하시오.

5. 한자(漢字)의 독음(讀音)이 다른 것끼리 짝지어진 것을 고르시오. (   )
   ① 事 – 士   ② 村 – 寸   ③ 畫 – 書   ④ 野 – 夜

6. 뜻이 서로 상대되는 것끼리 짝지어진 한자어(漢字語)를 고르시오. (   )
   ① 歌手   ② 畫夜   ③ 野山   ④ 路上

7. 뜻이 서로 비슷한 것끼리 짝지어진 한자어(漢字語)를 고르시오. (   )
   ① 道路   ② 美人   ③ 萬事   ④ 凡事

8. 다음 중 '歌'와 어울리는 한자(漢字)를 고르시오. (   )
   ① 萬   ② 草   ③ 花   ④ 手

🐦 다음의 어원(語原)에 해당하는 한자(漢字)를 고르시오.

9. 사람 얼굴을 정면에서 본떠서 만듦. (   )
   ① 目   ② 面   ③ 耳   ④ 口

🐦 〈보기〉에서 한자(漢字)를 찾아 끝말잇기를 해 보시오.

보기 氣 道 動 事

10. 野生 – 生(   ) – (   )運 – 運(   )

그림에 맞는 한자 쓰기

다음 그림에 어울리는 한자(韓字)를 보기에서 골라 쓰고 색칠을 예쁘게 해 봅시다.

보기   晝, 里, 夜, 野

2 선덕여왕의 너그러움

QR을 찍으면 구연동화로 재생 됩니다.

- 당장, 합동 등의 한자어 및 이야기 관련 한자를 공부해 봅시다.
- 선덕여왕의 너그러운 마음을 본받을 수 있도록 합시다.

관리들은 지귀가 부르는 노래를 여왕이 들을까 봐서 **當場**(당장) 잡아들이기로 하였습니다. 그러던 어느날 지귀가 여왕이 행차하는 길목에서 아이들과 **合同**(합동)으로 노래를 부르며 나오는 것을 붙들었습니다. 이를 본 백성들은 마음씨도 착하고 정신력도 **強**(강)했던 지귀가 안됐다고 웅성거렸습니다.

당장 : 무슨 일이 생기는 바로 그 자리 또는 그 때
합동 : 모아서 하나로 함

여왕은 밖에서 소란스러운 소리가 들리자 "대체 무슨 일이냐?"하고 물었습니다.

"지귀라는 정신 나간 젊은이가 여왕님 앞으로 뛰어나왔습니다. 저희가 **多幸**(다행)히 붙들었으니 **安心**(안심)하셔도 됩니다."

다행 : 일이 잘 풀리게 되어 좋음
안심 : 편안한 마음

자세한 내용을 들은 여왕은 지귀를 불러오게 하였습니다.

그리고는 백성들의 福(복)을 기원하러 절에 가는 길이니 따라오라고 하였습니다. 여왕의 너그러운 처분에 백성들은 모두 감탄하였습니다.

衣服(의복)차림도 허름한 지귀는
의복 : 옷

여왕을 따라 절에 도착하였습니다.

五角形(오각형) 모양의 절탑 아
오각형 : 다섯 개의 선분으로 둘러싸인 평면도형

래에 앉아 기도가 끝나기를 기다렸습니다.

그러나 여왕은 不動(부동)자세로 앉은 채 움직일 기미가
부동 : 움직이지 않는 것

보이지 않았습니다.

當	場	合	同	強	幸
마땅할 당	마당 장	합할 합	한가지 동	강할 강	다행 행
安	福	服	角	形	動
편안할 안	복 복	옷 복	뿔 각	형상 형	움직일 동

| 多 | 心 | 衣 | 五 | 不 |
| 많을 다 | 마음 심 | 옷 의 | 다섯 오 | 아닐 불, 부 |

2. 선덕여왕의 너그러움 95

 마땅할 당

田부 8획 (총13획)

当 ⊕ dāng

숭상하여(尙) 먹거리를 주는 전답(田)을 잘 가꿈은 마땅한 일이니 '마땅할 당'
- 尙(오히려 상, 높을 상, 숭상할 상), 田(밭 전)

- 當然(당연) : 이치로 보아 마땅함. (然:그러할 연)
  - 누나는 열심히 공부하므로 1등 하는 것은 當然(당연)합니다.
- 當場(당장) : 무슨 일이 생기는 바로 그 자리 또는 그 때. (場:마당 장)
  - 선우는 국물을 옷에 쏟아 當場(당장) 세탁이 필요했습니다.

 마당 장

土부 9획 (총12획)

场 ⊕ chǎng, chóng

흙(土)이 햇살(昜)처럼 넓게 퍼져 있으니 '마당 장'
- 土(흙 토), 昜(볕 양, 햇살 양)

- 市場(시장) : 여러 가지 상품을 팔고 사는 장소. (市:시장 시)
  - 어머니께서 市場(시장)에 가서 과일을 사오셨습니다.
- 場所(장소) : 곳. 자리. 처소. (所:바 소)
  - 대회 場所(장소)는 마을 회관입니다.

當當當當當當當當當當當當當							場場場場場場場場場場場場						
當	當						場	場					
마땅할 당	마땅할 당						마당 장	마당 장					

2. 선덕여왕의 너그러움

합할 **합**

口부 3획 (총6획)

合 ⓒ hé

사람(人)이 하나(一)같이 말함은(口) 뜻이 서로 합하여 맞는 것이니 '합할 합'
• 人(사람 인), 一(한 일), 口(입 구, 말할 구, 구멍 구)

- 合意(합의) : 서로의 의지나 의견이 일치하는 일. (意:뜻 의)
  – 우리의 중요한 일은 合意(합의)하여 결정합니다.

- 合心(합심) : 마음을 합침. (心:마음 심)
  – 여러 사람이 合心(합심)하여 일을 마무리하였습니다.

한가지 **동**

口부 3획 (총6획)

同 ⓒ tóng

성(冂)에 하나(一)의 출입구(口)로 같이 다니니 '한가지 동'
• 冂(성 경, 멀 경), 一(한 일), 口(입 구, 말할 구, 구멍 구)

- 合同(합동) : 모아서 하나로 함. (合:합할 합)
  – 선거를 위한 合同(합동) 연설이 있었습니다.

- 同時(동시) : 같은 때나 시기. (時:때 시)
  – 비가 개임과 同時(동시)에 둥그렇게 무지개가 떴습니다.

合合合合合合						同同同同同同					
合	合					同	同				
합할 합	합할 합					한가지 동	한가지 동				

수행평가

🐦 다음 한자(漢字)의 훈(訓)과 음(音)을 찾아 그 번호를 쓰시오.

1. 合 (   ) ① 한가지 동 ② 마땅할 당 ③ 합할 합 ④ 노래 가
2. 當 (   ) ① 마땅할 당 ② 길 도 ③ 마을 촌 ④ 집 당

🐦 다음의 훈(訓)과 음(音)에 맞는 한자(漢字)를 찾아 그 번호를 쓰시오.

3. 마당 장 (   ) ① 當 ② 場 ③ 同 ④ 合
4. 한가지 동 (   ) ① 面 ② 東 ③ 登 ④ 同

🐦 다음의 뜻에 맞는 한자어(漢字語)를 고르시오.

5. 여러가지 물건을 팔고 사는 장소 (   ) ① 示場 ② 市場 ③ 村場 ④ 市長
6. 어떤 장소에서 벌어진 광경 (   ) ① 場面 ② 長面 ③ 立場 ④ 文場
7. 마음을 합침 (   ) ① 合同 ② 合心 ③ 合當 ④ 合一

🐦 다음 글을 읽고 한자어(漢字語)의 독음(讀音)을 쓰시오.

8. 「이름은 달라도 성질이나 내용이 같다.」는 뜻으로 '초록은 同色(   )'이라는 말이 있습니다.

🐦 다음 글을 읽고 물음에 답하시오.

9. 다음 중 '場'과 음(音)이 같은 한자(漢字)를 고르시오. (   )
   ① 面 ② 事 ③ 長 ④ 霜

10. 다음 □ 안에 공통으로 들어갈 수 있는 한자(漢字)를 고르시오. (   )

    □同, □一, □心

    ① 合 ② 場 ③ 萬 ④ 美

지혜로운 선덕여왕과 지귀 2. 선덕여왕의 너그러움

강할 강

弓부 9획 (총12획)

強 中 jiàng, qiáng

彊 → 強 → 強

큰(弘) 벌레(虫)는 강하니 '강할 강'
• 弘(넓을 홍, 클 홍), 虫(벌레 충)

• 強力(강력) : 힘이 셈. 효과나 작용이 강함. (力:힘 력)
  – 민철이를 반장 후보로 強力(강력)히 추천합니다.

• 富強(부강) : 나라의 재정이 넉넉하여 부유하고 강함. (富:부자 부)
  – 富強(부강)한 나라를 만들기 위해 절약하는 습관을 기릅시다.

다행 행

干부 5획 (총8획)

幸 中 xìng

大 → 大 → 土
幸 → 芉 → 羊   幸

행복은 고생(辛)과 백지 한(一)장 차이니 '행복할 행', '다행 행'
• 辛(고생할 신, 매울 신) – 생각하기에 따라 고생도 행복이 될 수 있다는 말.

• 多幸(다행) : 일이 잘 풀리게 되어 좋음. (多:많을 다)
  – 전력 질주를 하다 넘어졌는데 多幸(다행)스럽게도 다친 곳이 없었습니다.

• 幸運(행운) : 좋은 운수. (運:운수 운)
  – 밝은 웃음은 幸運(행운)을 가져다 줍니다.

強強強強強強強強強強強強			幸幸幸幸幸幸幸幸		
強	強		幸	幸	
강할 강	강할 강		다행 행	다행 행	

편안할 안

宀부 3획 (총6획)

安 中 ān

집(宀)에 여자(女)가 살림하면 어찌 편안하지 않을까에서 '편안할 안'
• 宀(집 면), 女(계집 녀)

- 不安(불안) : 마음이 편하지 아니하고 조마조마함. (不:아니 불)
  - 석유값이 오르면 물가가 오르고 마음이 不安(불안)합니다.

- 安心(안심) : 편안한 마음. (心:마음 심)
  - 사냥꾼이 멀리 갔으니 이제 安心(안심)하고 나오렴.

복 복

示부 9획 (총14획)

福 中 fú

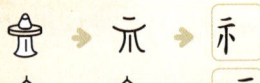
신(示)이 채워(畐) 주는 것이니 '복 복'
• 示(보일 시, 신 시), 畐(찰 복)

- 幸福(행복) : 생활에서 만족하여 즐겁고 흐뭇함. (幸:다행 행)
  - 幸福(행복)해서 웃기보다 웃으면 행복해집니다.

- 祝福(축복) : 앞날의 행복을 비는 것. (祝:빌 축)
  - 삼촌의 결혼식에 많은 사람들이 오셔서 祝福(축복)해 주셨습니다.

安安安安安安				福福福福福福福福福福福福福福					
安	安			福	福				
편안할 안	편안할 안			복 복	복 복				

服 옷 복

月부 4획 (총8획)

服 中 fú

몸(月)을 잘 다스리기(殳) 위해서는 옷도 입어야 하고 밥도 먹어야 하며, 상관의 명령에도 복종해야 하니 '옷 복', '먹을 복', '복종할 복' · 月(肉)(육달 월), 殳(다스릴 복)

- 洋服(양복) : 남자의 서양식 정장. (洋:큰바다 양)
  − 어머니께서는 형에게 대학 입학 선물로 洋服(양복)을 사주셨습니다.

- 衣服(의복) : 옷. (衣:옷 의)
  − '衣服(의복)이 날개' 라는 말이 있습니다.

角 뿔 각

角부 0획 (총7획)

角 中 jiǎo, jué

소나 양의 뿔을 본떠서 '뿔 각'

- 角度(각도) : 각의 크기. (度:자 도, 법도 도)
  − 角度(각도)를 잴 때는 각도기를 사용합니다.

- 五角形(오각형) : 다섯 개의 선분으로 둘러싸인 평면도형. (五:다섯 오, 形:형상 형)
  − 나는 수학 시간에 五角形(오각형)을 그려보았습니다.

服服服服服服服服								角角角角角角角							
服	服							角	角						
옷 복	옷 복							뿔 각	뿔 각						

수행평가

다음 한자(漢字)의 훈(訓)과 음(音)을 찾아 그 번호를 쓰시오.

1. 幸 (   )   ① 다닐 행   ② 일 사   ③ 효도 효   ④ 다행 행
2. 强 (   )   ① 강 강   ② 강할 강   ③ 노래 가   ④ 약할 약

다음의 훈(訓)과 음(音)에 맞는 한자(漢字)를 찾아 그 번호를 쓰시오.

3. 편안할 안 (   ) ① 安   ② 幸   ③ 太   ④ 不
4. 복 복   (   ) ① 衣   ② 角   ③ 福   ④ 形

다음의 뜻에 맞는 한자어(漢字語)를 고르시오.

5. 힘이 셈. 효과가 강함 (   ) ① 强力   ② 國力   ③ 心力   ④ 氣力
6. 생활에서 만족하여 즐겁고 흐뭇함 (   ) ① 不幸   ② 活氣   ③ 幸福   ④ 幸運
7. 마음이 조마조마함 (   ) ① 不當   ② 不安   ③ 同色   ④ 角形

다음 글을 읽고 한자어(漢字語)의 독음(讀音)을 쓰시오.

8. 오이가 잘 자라도록 角木(   )으로 기둥을 세우고 줄을 매어 주었습니다.

다음 글을 읽고 물음에 답하시오.

9. 다음 중 '幸'과 음(音)이 같은 한자(漢字)를 고르시오. (   )
   ① 兄   ② 風   ③ 向   ④ 行

10. 다음 □ 안에 공통으로 들어갈 수 있는 한자(漢字)를 고르시오.
    □安, □當, □知   (   )
    ① 和   ② 凡   ③ 不   ④ 同

2. 선덕여왕의 너그러움

形 형상 형

彡부 4획 (총7획)

形 中 xíng

井 → 开 → 开   形
ぞ → 彡 → 彡

우물(开)에 머리털(彡)이 비친 모습이니 '형상 형', '모습 형'
• 开 [우물 정, 우물 틀 정(井)의 변형], 彡(터럭 삼)

- 小形(소형) : 규격이나 모양이 작은 것. (小:작을 소)
  – 삼촌은 小形(소형) 가방을 들고 다니십니다.

- 形便(형편) : 일이 되어가는 모양이나 경로. (便:편 편, 편할 편)
  – "너희들도 알겠지만 내 形便(형편)이 많이 어려워졌다."

動 움직일 동

力부 9획 (총11획)

动 中 dòng

富 → 童 → 重   動
⌄ → ○ → 力

무거운(重) 것도 힘(力)을 쓰면 움직이니 '움직일 동'
• 重(무거울 중, 귀중할 중, 거듭 중), 力(힘 력)

- 運動(운동) : 몸을 움직이는 모든 활동. (運:옮길 운)
  – 지운이는 運動(운동)을 잘 합니다.

- 不動(부동) : 움직이지 않는 것. (不:아닐 부)
  – 나는 너무 놀라서 꼼짝 않고 不動(부동)자세로 서 있었습니다.

形形形形形形形					動動動動動動動動動動動					
形	形				動	動				
형상 형	형상 형				움직일 동	움직일 동				

2. 선덕여왕의 너그러움 103

수행평가

🐦 다음 한자(漢字)의 훈(訓)과 음(音)을 찾아 그 번호를 쓰시오.

1. 動 (   ) ① 움직일 동 ② 움직일 이 ③ 동녘 동 ④ 무거울 중
2. 服 (   ) ① 복 복 ② 집 실 ③ 옷 복 ④ 옷 의

🐦 다음의 훈(訓)과 음(音)에 맞는 한자(漢字)를 찾아 그 번호를 쓰시오.

3. 옷 복   (   ) ① 衣 ② 服 ③ 福 ④ 品
4. 움직일 동 (   ) ① 風 ② 寒 ③ 弱 ④ 動

🐦 다음의 뜻에 맞는 한자어(漢字語)를 고르시오.

5. 약을 먹는 것   (   ) ① 服用 ② 羊毛 ③ 衣服 ④ 活用
6. 몸을 움직이는 모든 활동 (   ) ① 氣力 ② 同行 ③ 太動 ④ 運動
7. 힘차게 몸을 움직임   (   ) ① 活用 ② 氣運 ③ 活動 ④ 氣力

🐦 다음 글을 읽고 한자어(漢字語)의 독음(讀音)을 쓰시오.

8. 그는 화재의 순간에 재빨리 行動(   )하여 불이 번지는 것을 막았습니다.

🐦 다음 글을 읽고 물음에 답하시오.

9. 다음 중 '福'과 음(音)이 같은 한자(漢字)를 고르시오. (   )
   ① 幸 ② 服 ③ 道 ④ 強

10. 다음 □ 안에 공통으로 들어갈 수 있는 한자(漢字)를 고르시오.

    感□, 行□, 活□   (   )

    ① 動 ② 同 ③ 安 ④ 場

단원평가

🐦 다음 한자(漢字)의 훈(訓)과 음(音)을 쓰시오.

1. ① 場 (   )   ② 角 (   )

🐦 다음 한자어(漢字語)의 음(音)과 뜻을 찾아 줄로 이으시오.

2. 強力 ○   ○ ① 복용   ○ ㉠ 효과가 강함.
3. 合心 ○   ○ ② 강력   ○ ㉡ 마음을 합침.
4. 服用 ○   ○ ③ 합심   ○ ㉢ 약을 먹는것.

🐦 다음 글을 읽고 물음에 답하시오.

5. 한자(漢字)의 독음(讀音)이 다른 것끼리 짝지어진 것을 고르시오. (   )
    ① 場 - 長   ② 同 - 東   ③ 服 - 衣   ④ 形 - 兄

6. 뜻이 서로 상대되는 것끼리 짝지어진 한자어(漢字語)를 고르시오. (   )
    ① 幸福   ② 角形   ③ 衣服   ④ 強弱

7. 뜻이 서로 비슷한 것끼리 짝지어진 한자어(漢字語)를 고르시오. (   )
    ① 運動   ② 場面   ③ 不安   ④ 同色

8. 다음 중 부수가 '口'인 한자(漢字)를 고르시오. (   )
    ① 合   ② 角   ③ 服   ④ 面

🐦 다음의 어원(語原)에 해당하는 한자(漢字)를 고르시오.

9. 소·양의 뿔을 본뜸. (   )
    ① 形   ② 角   ③ 同   ④ 安

🐦 〈보기〉에서 한자(漢字)를 찾아 끝말잇기를 해 보시오.

보기 日 幸 本 美

10. 合同 － 同(   ) － (   )來 － 來(   )

한자 퍼즐 놀이

아래의 설명을 읽고 해당하는 한자(漢字)를 빈 칸에 써서 퍼즐을 완성해 봅시다.

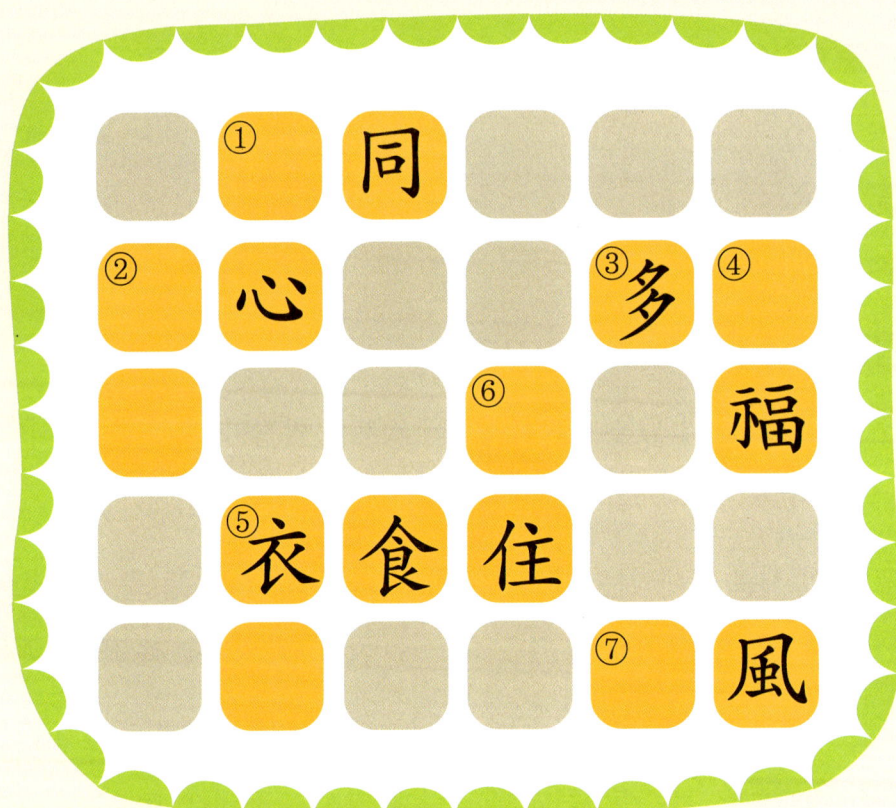

보기

合, 幸, 强, 服, 安, 居, 全

가로 열쇠

① 둘 이상이 모여 하나가 됨.
② 근심 걱정이 없이 편한 마음.
③ 일이 뜻밖에 잘 됨, 불행 중 □□이다.
⑦ 아주 센 바람.

세로 열쇠

① 두 사람 이상이 마음을 합함.
② 위험하지 않음, 위험이 없는 상태.
④ 복된 운수, 언제나 □□하세요.
⑤ 옷의 다른 말.
⑥ 일정한 곳에 머물러 삶.

3 금팔찌를 내 준 선덕여왕

QR을 찍으면 구연동화로 재생 됩니다.

- 상조, 자매 등의 한자어 및 이야기 관련 한자를 공부해 봅시다.
- 은혜에 감사할 줄 아는 마음을 본받도록 합시다.

여왕을 사모하여 몸과 마음이 무척 쇠약해진 지귀는 淸明(청명)한 하늘과
청명 : 맑고 깨끗함

아름다운 경치에 취하여 그만 잠이 들고 말았습니다. 正午(정오)가 다 되어
정오 : 낮 열두시

기도를 마치고 나오던 여왕은 절탑 뜰[庭(정)]아래에 잠들어 있는 지귀를 보았

습니다. 여왕은 가엾다는 듯이 물끄러미 바라보더니 금팔찌를 벗어서 지귀의 가

슴 위에 놓고 그 자리를 **떠났습니다**[離(리)].

관리들은 이를 간곡하게 말렸습니다. 그러나 여왕은 "살림이 어려운 백성들도

서로서로 相助(상조)하며 지낸다. 모든 백성들은 나의 형제 姉妹(자매)
상조 : 서로 돕는 것   자매 : 여자 형제

와 같다. 未來(미래)가 창창하고 正直(정직)한 젊은이가 마음의 병
미래 : 아직 다가오지 않은 때. 장래   정직 : 마음이 바르고 곧음

을 얻어 딱한 처지에 있다. 그런데 이를 보고도 모른 체 한다면 내가 어찌 백성들의 어버이라 할 수 있겠느냐?"

라고 하셨습니다.

잠시 뒤에 잠이 깬 지귀는 **億萬金**(억만금)을 주고도 살 수 없는 여왕의
억만금 : 아주 많은 재산

금팔찌를 보고는 놀랐습니다. 자신의 마음을 알아주시는 여왕이 너무 고마웠습니다. 금팔찌를 가슴에 꼭 껴안고 기뻐서 어찌할 줄을 몰랐습니다. 그 기쁨은 점점 **加重**(가중) 되어 온몸이 뜨거워지는가 싶더니 새빨간 불덩어리가 되고
가중 : 더 무겁게 되는 것

말았습니다.

새로 배우는 한자

清	午	庭	離	相	助
맑을 **청**	낮 **오**	뜰 **정**	떠날 **리(이)**	서로 **상**	도울 **조**

姉	妹	未	直	億	加
손윗누이 **자**	손아래누이 **매**	아닐 **미**	곧을 **직**	억 **억**	더할 **가**

이미 배운 한자

明	正	來	萬	金	重
밝을 **명**	바를 **정**	올 **래**	일만 **만**	쇠 **금**,성 **김**	무거울 **중**

 **맑을 청**

氵(水)부 8획 (총11획)

清 ⊕ qīng

물(氵)이 푸르도록(靑) 맑으니 '맑을 청'
- 氵= 水(물 수), 靑(푸를 청)

뜻 / 활용

- 淸水(청수) : 맑고 깨끗한 물. (水:물 수)
  - 골짜기에서 흐르는 淸水(청수)를 보았습니다.

- 淸明(청명) : 맑고 깨끗함. (맑을 명)
  - 시냇물이 淸明(청명)하게 소리를 내며 흐르고 있습니다.

 **낮 오**

十부 2획 (총4획)

午 ⊕ wǔ

방패 간(干)에 삐침 별(丿)을 그어 전쟁에서 중요한 동물이 '말'임을 나타내고, 말은 12支의 일곱 번째니 시간으로 한낮을 가리켜서 '낮 오'

뜻 / 활용

- 午前(오전) : 아침부터 낮 12시까지 사이. (前:앞 전)
  - 토요일은 대부분의 병원들이 午前(오전)에만 문을 엽니다.

- 正午(정오) : 낮 열두시. (正:바를 정)
  - 오늘 正午(정오)에 친구와 만나기로 약속했습니다.

淸淸淸淸淸淸淸淸淸淸淸		午午午午	
淸	淸	午	午
맑을 청	맑을 청	낮 오	낮 오

庭 뜰 정

广부 7획 (총10획)

庭 ⊕ tíng

집(广)안에 조정(廷)처럼 넓은 곳이니 '뜰 정'
- 广(집 엄), 廷(조정 정)

뜻 / 활용

- 庭園(정원) : 뜰, 특히 잘 가꾸어 놓은 넓은 뜰. (園:동산 원)
  - 庭園(정원)에는 예쁜 꽃들이 피어 있었습니다.

- 校庭(교정) : 학교의 넓은 뜰이나 운동장. (校:학교 교)
  - 아름다운 우리 학교 校庭(교정)은 자랑거리입니다.

離 떠날 리(이)

隹부 11획 (총19획)

离 ⊕ lí

짐승(离)이나 새(隹)처럼 기약없이 헤어지니 '떠날 리'
- 离(짐승 리), 隹(새 추)

뜻 / 활용

- 離散(이산) : 헤어져 흩어지는 것. (散:흩을 산)
  - 남북 離散(이산)가족의 상봉 장면을 보고 눈물이 났습니다.

- 離別(이별) : 서로 헤어짐. (別:다를 별)
  - 내일이면 삼촌이 이사를 가게 되어 離別(이별)의 아픔을 나누었습니다.

庭	庭	庭	庭	庭	庭	庭	庭	庭	庭	離	離	離	離	離	離	離	離	離	離
庭	庭									離	離								
뜰 정	뜰 정									떠날 리	떠날 리								

수행평가

🐦 다음 한자(漢字)의 훈(訓)과 음(音)을 찾아 그 번호를 쓰시오.

1. 庭 (　　) ① 굽을 곡　② 뜰 정　③ 마당 장　④ 맑을 청
2. 離 (　　) ① 살 주　② 종이 지　③ 떠날 리　④ 낮 오

🐦 다음의 훈(訓)과 음(音)에 맞는 한자(漢字)를 찾아 그 번호를 쓰시오.

3. 맑을 청 (　　) ① 赤　② 靑　③ 淸　④ 草
4. 낮 오　(　　) ① 午　② 牛　③ 同　④ 五

🐦 다음의 뜻에 맞는 한자어(漢字語)를 고르시오.

5. 낮 12시　　(　　) ① 午前　② 正午　③ 午後　④ 晝前
6. 맑고 깨끗한 물(　　) ① 淸水　② 靑水　③ 河水　④ 海水
7. 청렴 결백함　(　　) ① 靑水　② 靑米　③ 淸白　④ 淸心

🐦 다음 글을 읽고 한자어(漢字語)의 독음(讀音)을 쓰시오.

8. 선호네 가족은 일요일 午後(　　　)에 박물관에 갑니다.

🐦 다음 글을 읽고 물음에 답하시오.

9. 다음 중 '淸'과 음(音)이 같은 것을 고르시오. (　　)
　　① 同　　② 靑　　③ 午　　④ 接

10. 다음 □ 안에 공통으로 들어갈 수 있는 한자(漢字)를 고르시오.
　　　　□風, □水, □心　　　　　(　　)
　　① 同　　② 直　　③ 角　　④ 淸

 3 금팔찌를 내 준 선덕여왕

 서로 **상**

目부 4획 (총9획)

相 ⊕ xiāng, xiàng

나무(木)처럼 마주서서 서로의 모습을 보니(目) '서로 상'
- 木(나무 목), 目(눈 목, 볼 목, 항목 목)

- **相**面(**상**면) : 서로 얼굴을 대함. (面:낯 면)
  - 이산 가족의 **相**面(**상**면)이 있었습니다.

- 首**相**(수**상**) : 우두머리. (首:머리 수)
  - 영국에는 首**相**(수**상**)이 있습니다.

 도울 **조**

力부 5획 (총7획)

助 ⊕ zhù

또(且) 힘(力)써 도우니 '도울 조'
- 且(또 차), 力(힘 력)

- 相**助**(상**조**) : 서로 돕는 것. (相:서로 상)
  - 이웃집의 애경사에 相**助**(상**조**)하는 정신은 아름답습니다.

- **助**力(**조**력) : 힘을 써서 도와줌. (力:힘 력)
  - 아버지께서 화단을 정리하는데 나도 함께 **助**力(**조**력)했습니다.

相 相 相 相 相 相 相 相 相						助 助 助 助 助 助 助					
相	相					助	助				
서로 **상**	서로 상					도울 **조**	도울 조				

3. 금팔찌를 내 준 선덕여왕 113

姉 손윗누이 자

女부 5획 (총8획)

姉 中 zǐ

여자(女)가 시장(市)에 갈 정도로 컸으니 '손윗누이 자'
- 女(여자 여), 市(시장 시)

- 姉兄(자형) : 손윗 누이의 남편. (兄:형 형)
  - 영수네 姉兄(자형)은 매우 멋있게 생겼습니다.

- 姉妹(자매) : 여자 형제. (妹:손아랫누이 매)
  - 지영이와 영희는 사촌 姉妹(자매)입니다.

妹 손아래누이 매

女부 5획 (총8획)

妹 中 mèi

여자(女)가 나보다 아니(未) 컸으니 '손아래누이 매'
- 未(아닐 미, 아직 ~ 않을 미)

- 妹弟(매제) : 손아래 누이의 남편. (弟:아우 제)
  - 누이동생은 남편을 妹弟(매제)라고 합니다.

- 男妹(남매) : 오누이. 오빠와 여동생. (男:사내 남)
  - 아랫 마을에 홀어머니가 男妹(남매)와 살고 있었습니다.

姉	姉					
손윗누이 자	손윗누이 자					

妹	妹					
손아래누이 매	손아래누이 매					

 아닐 **미**

木부 1획 (총5획)

未 中 wèi

朱 → 末 → 未

나무(木)에서 짧은 가지(一)니 아직 자라지 않았다는 데서 '아닐 미'
• 木(나무 목)

- 未來(미래) : 아직 다가오지 않은 때. 장래. (來:올 래)
  – 우리나라의 未來(미래)는 밝다고 말합니다.

- 未安(미안) : 마음이 편하지 못함. (安:편안 안)
  – 친구의 부탁을 들어주지 못하여 未安(미안) 하였습니다.

 곧을 **직**

目부 3획 (총8획)

直 中 zhí

직 → 直 → 直
ㄴ → ㄴ → ㄴ

많은(十) 눈(目)은 숨길(ㄴ)수 없으니 곧고 바르게 살아야 한다는 데서 '곧을 직'
• 十(열 십, 많을 십), 目(눈 목), ㄴ(감출 혜, 덮을 혜)

- 直後(직후) : 바로 뒤. (後:뒤 후)
  – 은경이는 운동 直後(직후)에 시원한 얼음물을 마셨습니다.

- 正直(정직) : 마음이 바르고 곧음. (正:바를 정)
  – 지원이는 성실하고 正直(정직)한 아이입니다.

未未未未未					直直直直直直直直				
未	未				直	直			
아닐 **미**	아닐 미				곧을 **직**	곧을 직			

수행평가

다음 한자(漢字)의 훈(訓)과 음(音)을 찾아 그 번호를 쓰시오.

1. 姉 (   ) ① 누이 매 ② 손윗누이 자 ③ 할아버지 조 ④ 형 형
2. 助 (   ) ① 아닐 미 ② 서로 상 ③ 도울 조 ④ 힘 력

다음의 훈(訓)과 음(音)에 맞는 한자(漢字)를 찾아 그 번호를 쓰시오.

3. 아닐 미 (   ) ① 未 ② 夜 ③ 午 ④ 美
4. 뜰 정 (   ) ① 庭 ② 接 ③ 淸 ④ 正

다음의 뜻에 맞는 한자어(漢字語)를 고르시오.

5. 힘을 써서 도와줌 (   ) ① 幸福 ② 合同 ③ 氣力 ④ 助力
6. 마음이 편하지 못함 (   ) ① 平安 ② 未安 ③ 合同 ④ 角木
7. 서로 얼굴을 대함 (   ) ① 相當 ② 相國 ③ 相面 ④ 相臣

다음 글을 읽고 한자어(漢字語)의 독음(讀音)을 쓰시오.

8. 나의 사촌 姉妹(   )는 사이가 무척 좋습니다.

다음 글을 읽고 물음에 답하시오.

9. 다음 중 '助'와 음(音)이 같은 한자(漢字)를 고르시오. (   )
   ① 畫 ② 路 ③ 强 ④ 祖

10. 다음 □ 안에 공통으로 들어갈 수 있는 한자(漢字)를 고르시오.

    □來, □安, □達   (   )

    ① 長 ② 未 ③ 先 ④ 相

3 금팔찌를 내 준 선덕여왕

억 억

亻(人)부 13획 (총15획)

亿 中 yì

너무 커서 사람(亻)이 뜻(意)을 생각해 보는 수이니 '억 억'
• 亻= 人(사람 인), 意(뜻 의)

뜻
• 千億(천억) : 억의 천배. (千:일천 천)
 － 은하에는 약 千億(천억)개의 별이 모여 있습니다.

활용
• 億萬金(억만금) : 아주 많은 재산. (萬:일만 만, 金:쇠 금)
 － 나의 양심은 億萬金(억만금)을 준다 해도 버릴 수 없습니다.

더할 가

力부 3획 (총5획)

加 中 jiā

힘(力)껏 입(口)으로라도 용기를 더해주니 '더할 가'
• 力(힘 력), 口(입 구)

뜻
• 加工(가공) : 원료나 재료에 손을 더 대어 물건을 만듦. (工:장인 공)
 － 요즈음은 加工(가공) 식품을 많이 먹습니다.

활용
• 加重(가중) : 더 무겁게 되는 것. (重:무거울 중)
 － 각종 시험이 학생들의 부담을 加重(가중)하고 있습니다.

億 億 億 億 億 億 億 億 億	加 加 加 加 加
億　億	加　加
억 **억**　억 억	더할 **가**　더할 가

3. 금팔찌를 내 준 선덕여왕

수행평가

다음 한자(漢字)의 훈(訓)과 음(音)을 찾아 그 번호를 쓰시오.

1. 億 (   ) ① 일만 만   ② 억 억   ③ 일천 천   ④ 일백 백
2. 加 (   ) ① 노래 가   ② 클 거   ③ 더할 가   ④ 힘 력

다음의 훈(訓)과 음(音)에 맞는 한자(漢字)를 찾아 그 번호를 쓰시오.

3. 더할 가 (   ) ① 夜   ② 形   ③ 淸   ④ 加
4. 억 억   (   ) ① 億   ② 千   ③ 百   ④ 萬

다음의 뜻에 맞는 한자어(漢字語)를 고르시오.

5. 조직이나 단체에 들어감 (   ) ① 加入   ② 歌入   ③ 加動   ④ 加上
6. 원료나 재료에 손을 더 대어 만듦 (   ) ① 加熱   ② 加工   ③ 加行   ④ 歌工
7. 억의 열배 (   ) ① 百億   ② 千億   ③ 一億   ④ 十億

다음 글을 읽고 한자어(漢字語)의 독음(讀音)을 쓰시오.

8. 사람의 생명은 億萬金(   ) 보다 더 귀중합니다.

다음 글을 읽고 물음에 답하시오.

9. 다음 중 '加'와 음(音)이 같은 한자(漢字)를 고르시오. (   )
   ① 助   ② 急   ③ 歌   ④ 角

10. 다음 □ 안에 공통으로 들어갈 수 있는 한자(漢字)를 고르시오.
    □工, □入, □熱   (   )
    ① 億   ② 加   ③ 淸   ④ 直

단원평가

다음 한자(漢字)의 훈(訓)과 음(音)을 쓰시오.

1. ① 淸 (   )   ② 相 (   )

다음 한자어(漢字語)의 음(音)과 뜻을 찾아 줄로 이으시오.

2. 淸水   ● ① 정오 ●   ● ㉠ 힘을 써서 도와줌.
3. 助力   ● ② 조력 ●   ● ㉡ 낮 12시
4. 正午   ● ③ 청수 ●   ● ㉢ 맑고 깨끗한 물

다음 글을 읽고 물음에 답하시오.

5. 한자(漢字)의 독음(讀音)이 다른 것끼리 짝지어진 것을 고르시오. (   )
   ① 午 - 牛   ② 淸 - 靑   ③ 助 - 鳥   ④ 未 - 美

6. 뜻이 서로 상대되는 것끼리 짝지어진 한자어(漢字語)를 고르시오. (   )
   ① 午前   ② 合同   ③ 姉妹   ④ 相面

7. 뜻이 서로 비슷한 것끼리 짝지어진 한자어(漢字語)를 고르시오. (   )
   ① 未安   ② 衣服   ③ 加工   ④ 直接

8. 다음 중 부수가 '木'인 한자(漢字)를 고르시오. (   )
   ① 同   ② 末   ③ 助   ④ 形

다음의 어원(語原)에 해당하는 한자(漢字)를 고르시오.

9. 물이 푸르도록 맑은 것을 나타냄. (   )
   ① 河   ② 靑   ③ 淸   ④ 海

〈보기〉에서 한자(漢字)를 찾아 끝말잇기를 해 보시오.

보기 路 角 人 相

10. 合同 - 同(   ) - (   )道 - 道(   )

한자어 만들기

짝을 이루어 낱말이 될 수 있는 한자(韓字)를 줄로 연결해 봅시다.
그리고 어울리는 그림을 찾아 이어 봅시다.

4 불귀신이 된 지귀

QR을 찍으면 구연동화로 재생 됩니다.

- 동리, 경주, 승패 등의 한자어 및 이야기 관련 한자를 공부해 봅시다.
- 선덕여왕의 지혜와 너그러움을 알아봅시다.

　　멀리 여왕이 가고 있는 모습이 희미하게 보였습니다. 지귀는 여왕을 따라가려고 있는 힘을 다하여 탑을 잡고 일어섰습니다. 그랬더니 탑이 불기둥에 휩싸였습니다. 지귀의 몸에 있던 불기운은 손이 닿는 것마다 불바다를 이루었습니다.

　　그 불은 온 **洞里**(동리)에 퍼지더니 이웃 **고을**[**邑**(읍)]까지 번졌습니다.
동리 : 마을

　　그 뒤로 지귀는 불귀신이 되어 밤마다 **夜光**(야광) 빛을 내며 온 세상을 떠돌아다녔습니다. 사람들은 **危急**(위급)함을 알았으나 막을 방법이 없었습니다.
야광 : 어두운 곳에서 빛을 냄
위급 : 위태롭고 급한 상황

　　이 이야기를 들은 선덕여왕이 글을 지어 백성들에게 주었습니다.

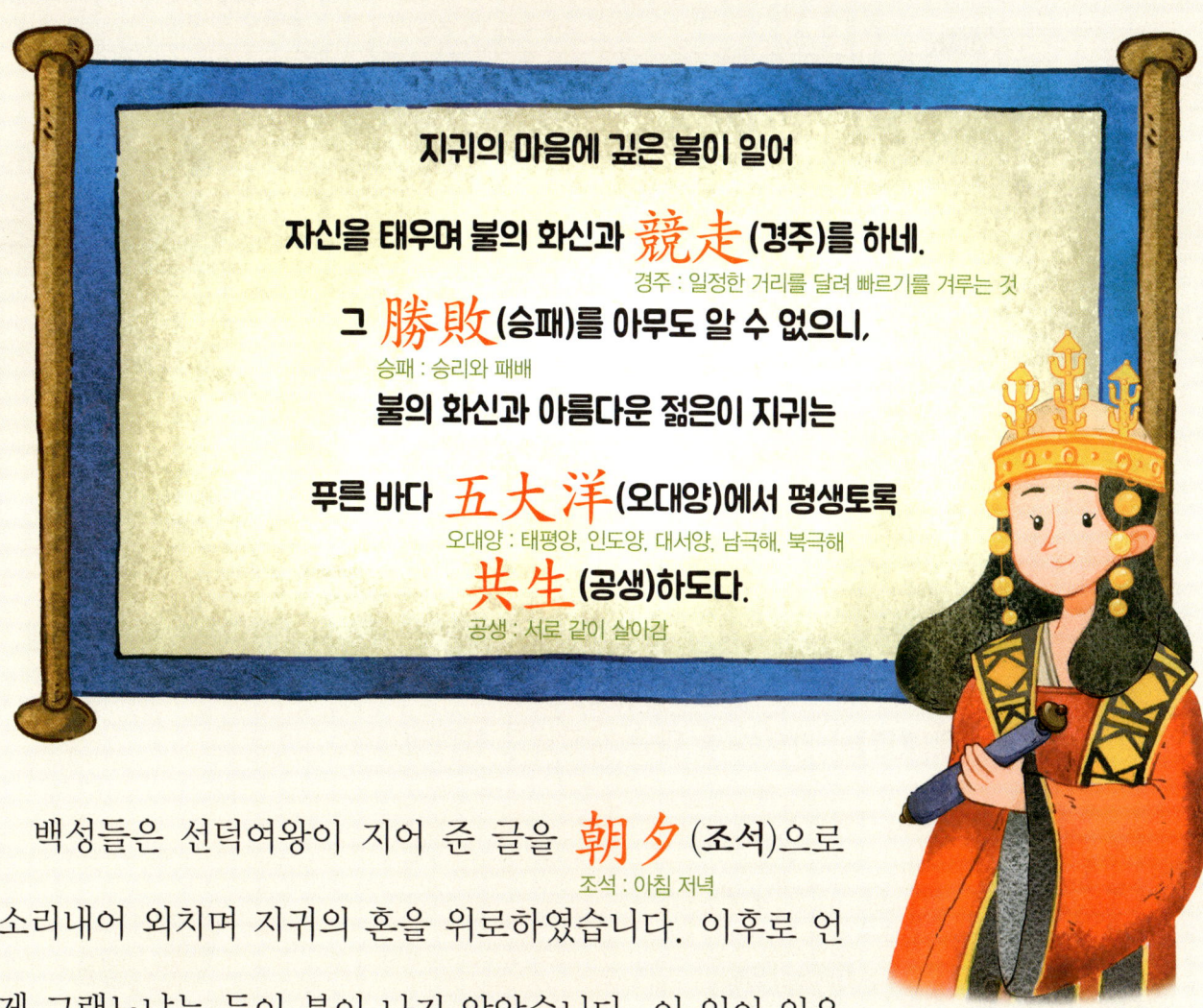

지귀의 마음에 깊은 불이 일어

자신을 태우며 불의 화신과 競走(경주)를 하네.
경주 : 일정한 거리를 달려 빠르기를 겨루는 것

그 勝敗(승패)를 아무도 알 수 없으니,
승패 : 승리와 패배

불의 화신과 아름다운 젊은이 지귀는

푸른 바다 五大洋(오대양)에서 평생토록
오대양 : 태평양, 인도양, 대서양, 남극해, 북극해

共生(공생)하도다.
공생 : 서로 같이 살아감

백성들은 선덕여왕이 지어 준 글을 朝夕(조석)으로 소리내어 외치며 지귀의 혼을 위로하였습니다. 이후로 언제 그랬느냐는 듯이 불이 나지 않았습니다. 이 일이 있은 뒤부터 백성들은 선덕여왕의 지혜와 너그러움에 더욱 존경하는 마음을 가졌다고 합니다.

조석 : 아침 저녁

새로 배우는 한자

洞	里	邑	光	危	競
마을 동, 통할 통	마을 리(이)	고을 읍	빛 광	위태로울 위	다툴 경

走	勝	敗	洋	共	朝
달릴 주	이길 승	패할 패	큰 바다 양	함께 공	아침 조

이미 배운 한자

夜	急	五	大	生	夕
밤 야	급할 급	다섯 오	큰 대	날, 살 생	저녁 석

 마을 동, 통할 통

氵(水)부 6획 (총9획)

洞 中 dòng

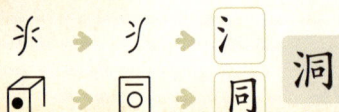

물(氵)을 같이 쓰는 곳이니 '마을 동',
또 흐르는 물(氵)은 같이(同) 통하니 '통할 통'
- 氵= 水(물 수), 同(한가지 동)

- 洞長(동장) : 동의 사무를 총괄하는 사람. (長:어른 장)
  - 우리 동의 洞長(동장)님은 무척 친절하십니다.
- 明洞(명동) : 서울특별시 중구에 있는 동으로 서울의 대표적인 문화, 관광, 쇼핑의 명소. (明:밝을 명)
  - 明洞(명동) 거리는 늘 많은 사람들로 북적댑니다.

 마을 리(이)

里부 0획 (총7획)

里 中 lǐ

밭(田)이 있는 땅(土)에 생긴 것이니 '마을 리'
- 田(밭 전), 土(흙 토)

- 三千里(삼천리) : 한국의 국토. (三:석 삼, 千:일천 천)
  - 三千里(삼천리) 금수강산, 아름다운 우리나라.
- 洞里(동리) : 마을. (洞:고을 동)
  - 공원에는 인근 洞里(동리)에서 놀러나온 사람들이 많았습니다.

洞洞洞洞洞洞洞洞洞		里口巨巨早里里	
洞	洞	里	里
마을 동	마을 동	마을 리	마을 리

 고을 **읍**

邑부 0획 (총7획)

邑 中 yì

🐚 → 🀫 → 邑

구멍(口)에 뱀(巴)이 살 듯 사람이 모여 사는 곳이니 '고을 읍'
- 口(입 구, 구멍 구), 巴(뱀 파)

- 邑內(읍내) : 읍의 구역 안. (內:안 내)
  - 할머니께서는 물건을 사러 邑內(읍내)까지 나가십니다.
- 邑民(읍민) : 읍내에 사는 사람. (民:백성 민)
  - 영수네 邑民(읍민)들은 모두 부지런합니다.

 빛 **광**

儿부 4획 (총6획)

光 中 guāng

불(⺌(火))을 사람(儿)이 들고 비치니 '빛 광'
- ⺌((불 화(火)의 변형), 儿(사람 인 발, 어진 사람 인)

- 夜光(야광) : 어두운 곳에서 빛을 냄. (夜:밤 야)
  - 우리 아버지 시계는 夜光(야광)입니다.
- 光明(광명) : 밝은 빛. 앞날의 밝은 세상. (明:밝을 명)
  - 심청은 아버지에게 光明(광명)한 세상을 보여 드리고 싶었습니다.

邑邑邑邑邑邑邑				光光光光光光			
邑	邑			光	光		
고을 읍	고을 읍			빛 광	빛 광		

수행평가

🐦 다음 한자(漢字)의 훈(訓)과 음(音)을 찾아 그 번호를 쓰시오.

1. 光 (   )   ① 빛 광   ② 빛 색   ③ 고을 읍   ④ 마을 리
2. 邑 (   )   ① 낯 면   ② 마을 동   ③ 고을 군   ④ 고을 읍

🐦 다음의 훈(訓)과 음(音)에 맞는 한자(漢字)를 찾아 그 번호를 쓰시오.

3. 마을 리 (   )   ① 面   ② 同   ③ 里   ④ 邑
4. 마을 동 (   )   ① 同   ② 洞   ③ 村   ④ 面

🐦 다음의 뜻에 맞는 한자어(漢字語)를 고르시오.

5. 어두운 곳에서 빛을 냄 (   )   ① 色光   ② 夜光   ③ 光明   ④ 大光
6. 밝은 빛 앞날의 밝은 희망 (   )   ① 光風   ② 光力   ③ 光明   ④ 光色
7. 읍내에 사는 사람 (   )   ① 邑民   ② 邑長   ③ 邑內   ④ 邑面

🐦 다음 글을 읽고 한자어(漢字語)의 독음(讀音)을 쓰시오.

8. 光學(   )은 빛의 성질을 연구하는 학문입니다.

🐦 다음 글을 읽고 물음에 답하시오.

9. 다음 중 '洞'과 음(音)이 같은 것을 고르시오. (   )
   ① 冬   ② 里   ③ 光   ④ 邑

10. 다음 □ 안에 공통으로 들어갈 수 있는 한자(漢字)를 고르시오.
    □明, □力, □色   (   )
    ① 洞   ② 里   ③ 光   ④ 邑

위태로울 위

卩부 4획 (총6획)

危 中 wēi

사람(⺈)에게 재앙(厄)이 닥치면 위험하니 '위태로울 위'
• ⺈(사람 인(人)의 변형), 厄(재앙 액)

- 危機(위기): 위험한 때나 고비. (機:틀 기)
  - 지혜로운 사람은 危機(위기)를 기회로 여깁니다.

- 危急(위급): 위태롭고 급한 상황. (急:급할 급)
  - 할머니께서 危急(위급)하셔서 병원에 가셨습니다.

다툴 경

立부 15획 (총20획)

竞 中 jìng

마주 서서(立·立) 두 형(兄·兄)들이 겨루니
'다툴 경', '겨룰 경'
• 立(설 립), 兄(형 형)

- 競技(경기): 일정한 규칙 아래 기량과 기술을 겨룸. (技:재주 기)
  - 축구 競技(경기)를 보기 위하여 많은 사람들이 경기장에 모였습니다.

- 競爭(경쟁): 이기거나 앞서려고 서로 겨룸. (爭:다툴 쟁)
  - 나와 동생은 블록 높이 쌓기 競爭(경쟁)을 하였습니다.

危危危危危危					競競競競競競競競競競競競競競競					
危	危				競	競				
위태로울 **위**	위태로울 위				다툴 **경**	다툴 경				

 **달릴 주**
走부 0획 (총7획)

走 中 zǒu

흙(土)을 힘껏 디디며(止) 달리니 '달릴 주', '도망갈 주'
· 土(흙 토), 止('그칠 지'로 여기서는 힘껏 디디는 모습으로 봄)

· 走力(주력) : 달리는 힘. (力:힘 력)
  − 나는 진호보다 走力(주력)이 떨어집니다.

· 競走(경주) : 일정한 거리를 달려 빠르기를 겨루는 것. (競:다툴 경)
  − 토끼와 거북이의 競走(경주)에서 거북이가 이겼습니다.

 **이길 승**
力부 10획 (총12획)

胜 中 shèng

몸(月)을 구부려(夬) 힘(力)쓰면 이기니 '이길 승'
· 月= 肉(고기 육), 夬 (구부릴 권)

· 勝敗(승패) : 승리와 패배를 아울러 이르는 말. (敗:패할 패)
  − 오늘 경기의 勝敗(승패)는 작전에 달려 있습니다.

· 勝利(승리) : 겨루어 이기는 것. (利:이로울 이)
  − 권율 장군은 행주 산성에서 큰 勝利(승리)를 거두셨습니다.

走走走走走走走		勝勝勝勝勝勝勝勝勝勝勝勝	
走	走	勝	勝
달릴 주	달릴 주	이길 승	이길 승

지혜로운 선덕여왕과 지귀

 패할 **패**

攵부 7획 (총11획)

敗　中 bài

조개(貝)를 치면(攵) 깨지듯 적과 싸워서 패하니 '패할 패'
- 貝(조개 패, 재물 패), 攵(칠 복)

- **失敗(실패)** : 일이 뜻대로 되지 않음. (失:잃을 실)
  - '**失敗(실패)**는 성공의 어머니'라는 말이 있습니다.

- **敗北(패배)** : 져서 도망감. 짐. (北:달아날 배)
  - 자신의 **敗北(패배)**를 인정하는 것도 용기입니다.

 큰 바다 **양**

氵(水)부 6획 (총9획)

洋　中 yáng

물결(氵)이 수만 마리 양(羊)떼처럼 출렁이니 '큰 바다 양'
- 氵= 水(물 수), 羊(양 양)

- **東洋(동양)** : 아시아의 여러 나라를 일컬음. (東:동녘 동)
  - **東洋(동양)** 사람들은 생김새가 비슷합니다.

- **五大洋(오대양)** : 태평양, 인도양, 대서양, 남극해, 북극해. (五:다섯 오, 大:큰 대)
  - 나의 꿈은 선장이 되어 **五大洋(오대양)**을 누비고 다니는 것입니다.

敗敗敗敗敗敗敗敗敗敗敗	洋洋洋洋洋洋洋洋洋
敗　敗	洋　洋
패할 패　패할 패	큰바다 양　큰바다 양

수행평가

다음 한자(漢字)의 훈(訓)과 음(音)을 찾아 그 번호를 쓰시오.

1. 走 (   ) ① 달릴 주 ② 패할 패 ③ 마을 리 ④ 다툴 경
2. 競 (   ) ① 패할 패 ② 다툴 경 ③ 달릴 주 ④ 위태로울 위

다음의 훈(訓)과 음(音)에 맞는 한자(漢字)를 찾아 그 번호를 쓰시오.

3. 패할 패   (   ) ① 勝 ② 邑 ③ 洋 ④ 敗
4. 위태로울 위 (   ) ① 光 ② 勝 ③ 危 ④ 走

다음의 뜻에 맞는 한자어(漢字語)를 고르시오.

5. 이김과 짐   (   ) ① 競走 ② 勝敗 ③ 危急 ④ 洞里
6. 달리는 힘   (   ) ① 走力 ② 走馬 ③ 走者 ④ 競走
7. 매우 위태롭고 급함 (   ) ① 相助 ② 淸明 ③ 未來 ④ 危急

다음 글을 읽고 한자어(漢字語)의 독음(讀音)을 쓰시오.

8. 경기가 끝날 때까지 勝敗(   )를 가늠하기 힘들었습니다.

다음 글을 읽고 물음에 답하시오.

9. 다음 중 '洋'과 음(音)이 같은 한자(漢字)를 고르시오. (   )
   ① 海   ② 水   ③ 羊   ④ 雪

10. 다음 □ 안에 공통으로 들어갈 수 있는 한자(漢字)를 고르시오.

    □力, □馬, 競□   (   )

    ① 敗   ② 邑   ③ 危   ④ 走

共 함께 공

八부 4획 (총6획)

共 中 gòng

共 → 共 → 共

많은(卄) 사람들이 마당(一)에서 일을 나누어(八) 하니 '함께 공'
• 卄(스물 입, 두 손으로 받들 공), 八(여덟 팔, 나눌 팔)

- 共生(공생) : 서로 같이 살아감. (生:날 생)
  − 말미잘과 소라게는 共生(공생) 관계입니다.

- 共同(공동) : 여러 사람이 같이 일을 함. (同:한가지 동)
  − 2002월드컵은 한국과 일본이 共同(공동) 개최하였습니다.

朝 아침 조

月부 8획 (총12획)

朝 中 cháo, zhāo

해 돋는(卓)데 아직 달(月)이 있으니 '아침 조'
• 卓(해돋을 간), 月(달 월)

- 朝夕(조석) : 아침 저녁. (夕:저녁 석)
  − 朝夕(조석)으로 날씨가 제법 추워졌습니다.

- 朝會(조회) : 아침 회의. (會:모을 회)
  − 월요일에는 운동장에서 朝會(조회)를 합니다.

共共共共共共						朝朝朝朝朝朝朝朝朝朝朝朝				
共	共					朝	朝			
함께 공	함께 공					아침 조	아침 조			

수행평가

다음 한자(漢字)의 훈(訓)과 음(音)을 찾아 그 번호를 쓰시오.

1. 共(　　) ① 함께 공　② 공평할 공　③ 공공　④ 다툴 경
2. 朝(　　) ① 이를 조　② 아침 조　③ 저녁 석　④ 바다 양

다음의 훈(訓)과 음(音)에 맞는 한자(漢字)를 찾아 그 번호를 쓰시오.

3. 아침 조 (　　)　① 助　② 洋　③ 朝　④ 夕
4. 함께 공 (　　)　① 公　② 共　③ 光　④ 走

다음의 뜻에 맞는 한자어(漢字語)를 고르시오.

5. 서로 같이 살아감 (　　)　① 共分　② 共用　③ 共同　④ 共生
6. 아침과 저녁　　 (　　)　① 共同　② 朝夕　③ 危急　④ 夜光
7. 큰 바다　　　　 (　　)　① 大洋　② 河水　③ 海外　④ 海水

다음 글을 읽고 한자어(漢字語)의 독음(讀音)을 쓰시오.

8. 마을 앞의 샘물은 共同(　　　)으로 사용하던 곳입니다.

다음 글을 읽고 물음에 답하시오.

9. 다음 중 '朝'와 음(音)이 같은 한자(漢字) 고르시오. (　　)
　① 斗　② 鳥　③ 道　④ 敗

10. 다음 □ 안에 공통으로 들어갈 수 있는 한자(漢字)를 고르시오.
　　□生, □同, □用　　　　(　　)
　① 朝　② 里　③ 光　④ 共

단원평가

🐦 다음 한자(漢字)의 훈(訓)과 음(音)을 쓰시오.

1. ① 敗 (   )   ② 洋 (   )

🐦 다음 한자어(漢字語)의 음(音)과 뜻을 찾아 줄로 이으시오.

2. 競走 ○   ○ ① 주마 ○   ○ ㉠ 일정한 거리를 달려 빠르기를 겨룸.

3. 走馬 ○   ○ ② 경주 ○   ○ ㉡ 넓은 바다

4. 海洋 ○   ○ ③ 해양 ○   ○ ㉢ 말을 타고 달림.

🐦 다음 글을 읽고 물음에 답하시오.

5. 한자(漢字)의 독음(讀音)이 다른 것끼리 짝지어진 것을 고르시오. (   )
   ① 洞 - 同   ② 走 - 住   ③ 羊 - 海   ④ 朝 - 祖

6. 뜻이 서로 상대되는 것끼리 짝지어진 한자어(漢字語)를 고르시오. (   )
   ① 競走   ② 光色   ③ 勝敗   ④ 邑面

7. 뜻이 서로 비슷한 것끼리 짝지어진 한자어(漢字語)를 고르시오. (   )
   ① 洞里   ② 競馬   ③ 走力   ④ 夜光

8. 다음 중 '光'과 어울리는 한자(漢字)를 고르시오. (   )
   ① 走   ② 明   ③ 共   ④ 敗

🐦 다음의 어원(語原)에 해당하는 한자(漢字)를 고르시오.

9. 물결이 수만 마리의 양떼처럼 출렁임. (   )
   ① 洋   ② 里   ③ 朝   ④ 共

10. 밭이 있는 땅에 생긴 것. (   )
    ① 邑   ② 危   ③ 洞   ④ 里

꼬불 꼬불 길찾아가기

나비가 꽃을 찾아다니고 있습니다.
갈림길에 써 있는 한자어(漢字語)를 읽고 바른 음(音)을 따라 가서 목적지에 도착해 봅시다.

夜光 — 주광 / 야광

危急 — 급박 / 위급

競走 — 완주 / 경주

朝夕 — 공석 / 조석

安心 — 한심 / 안심

九死一生

아홉 **구** 　 죽을 **사** 　 한 **일** 　 날 **생**

'아홉 번 죽다가 한 번 살아남'으로, 죽을 고비를 많이 넘기고 어렵게 살아남을 말할 때 쓰는 말

백성들의 스승이신 선덕여왕

QR을 찍으면 구연동화로 재생 됩니다.

• 이야기와 관련한 한자를 공부해 봅시다.
• 선덕여왕의 앞을 내다보는 능력은 어디서 나왔는지 생각하여 봅시다.

선덕여왕은 지혜와 덕행도 훌륭했고 재주[技(기)]도 뛰어났지만 특히 앞날을 내다보는 능력이 있으신 분이셨습니다. 이는 史書(사서)에 쓰여진 간단한 이야기만 보아도 짐작할 수 있습니다.

사서 : 역사를 기록한 책

당나라의 태종이 선덕여왕에게 분홍과 자색, 흰색 모란꽃이 활짝 피어있는 아름다운 그림 한 폭을 선사했습니다. 그 그림을 보더니 여왕은 말했습니다.

"이 꽃은 아름답기는 하나 분명 향기가 없을 것이다."

뜻밖의 말씀에 신하들은 그 까닭을 물었습니다.

"꽃은 아름다우나 나비도 없고 생활에 別(별) 다른 原料(원료)로 쓰이지 않을 것이다."

원료 : 어떤 물건을 만드는 데 바탕이 되는 재료

신하들은 당태종이 보낸 모란꽃씨를 심고[植(식)] 정성껏 가꾸어서 꽃을 피웠더니 과연 여왕의 말씀대로 향기가 없었습니다.

사방이 꽁꽁 얼어붙은 추운 겨울에 영묘사의 연못에서 개구리 떼가 삼사일을 계속해서 울었습니다. 백성들은 이상히 여겨서 여왕에게 이 사실을 말씀드렸습니다. 여왕은 급히 정병 이천명을 그곳으로 投入(투입)하도록 하였습니다. 그랬더니 가까운 골짜기에 백제군 오백여명이 숨어 있다가 위험을 느껴 급히 退行(퇴행)하는 것이었습니다. 이를 본 신라 군사들이 協心(협심)하여 물리쳤습니다[打(타)].

투입 : 인원, 물자 등을 어떤 큰 일에 쓰는 것
퇴행 : 뒤로 물러남
협심 : 마음을 합함

여왕은 末年(말년)이 되어서도 쉬지 않고 부지런히 나라를 잘 다스린 백성들의 어버이이며 스승[師(사)]이셨던 분입니다.

말년 : 인생의 마지막 무렵

새로 배우는 한자

技 재주 기
史 역사 사
別 다를 별
原 근원 원
料 헤아릴 료(요)
植 심을 식
投 던질 투
退 물러날 퇴
協 합할 협
打 칠 타
末 끝 말
師 스승 사

이미 배운 한자

書 글 서
入 들 입
行 다닐 행
心 마음 심
年 해 년
大 큰 대

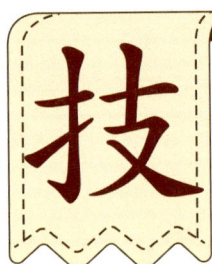 재주 기
扌(手)부 4획 (총7획)

技 中 jì

손(扌)으로 다루는(支) 능력이 뛰어나니 '재주 기'
• 扌= 手(손 수), 支(다룰 지, 가를 지)

- 技法(기법) : 기교와 방법. (法:법 법)
  – 도자기를 굽는데는 독특한 技法(기법)이 있습니다.
- 特技(특기) : 특별한 기능이나 재주. (特:특별할 특)
  – 나의 特技(특기)는 피아노 연주입니다.

 역사 사
口부 2획 (총5획)

史 中 shǐ

중립(中)을 지키는 사람(人)이 쓰는 것이니 '역사 사'
• 中(가운데 중), 人(사람 인)

- 史官(사관) : 역사를 기록하던 관원. (官:벼슬 관)
  – 조선시대에는 왕의 말과 행동을 기록하는 史官(사관)이 있었습니다.
- 史書(사서) : 역사를 기록한 책. (書:글 서)
  – 많은 역사학자들이 史書(사서)의 기록들을 연구하고 있습니다.

技 技 技 技 技 技 技				史 史 史 史 史			
技	技			史	史		
재주 기	재주 기			역사 사	역사 사		

別 다를 별

刂(刀)부 5획 (총7획)

別 中 bié, biè

입(口)으로 먹기 위해 칼(刀)과 칼(刂)로 나누어 다르게 하니 '다를 별'
- 口(입 구), 刂 = 刀(칼 도)

- 別食(별식) : 특별한 음식. (食:먹을 식)
  – 점심은 꽁보리밥을 別食(별식)으로 먹었습니다.

- 別名(별명) : 특징을 강조하여 부르는 이름. 딴 이름. (名:이름 명)
  – 친구들은 모두 別名(별명)을 가지고 있는데 저만 없습니다.

原 근원 원

厂부 8획 (총10획)

原 中 yuán

바위(厂)밑 샘(泉)이 물줄기의 근원이니 '근원 원'
- 厂(굴바위 엄), 𡉉[샘 천(泉)의 변형]

- 平原(평원) : 평평한 들판. (平:평평할 평)
  – 넓은 平原(평원)의 끝에 지평선이 보일 듯 합니다.

- 原料(원료) : 어떤 물건을 만드는 데 바탕이 되는 재료. (料:헤아릴 료)
  – 콩은 두부나 콩나물, 콩기름 등의 原料(원료)로 쓰입니다.

別別別別別別別					原原原原原原原原原原				
別	別				原	原			
다를 별	다를 별				근원 원	근원 원			

수행평가

🐦 **다음 한자(漢字)의 훈(訓)과 음(音)을 찾아 그 번호를 쓰시오.**

1. 史 (   ) ① 역사 사 ② 일 사 ③ 넉 사 ④ 마을 리
2. 別 (   ) ① 근원 원 ② 다를 별 ③ 재주 기 ④ 마을 동

🐦 **다음의 훈(訓)과 음(音)에 맞는 한자(漢字)를 찾아 그 번호를 쓰시오.**

3. 근원 원 (   ) ① 料 ② 原 ③ 史 ④ 技
4. 재주 기 (   ) ① 技 ② 史 ③ 料 ④ 原

🐦 **다음의 뜻에 맞는 한자어(漢字語)를 고르시오.**

5. 평평한 들판   (   ) ① 高原 ② 草原 ③ 平原 ④ 原料
6. 특별한 음식   (   ) ① 飮食 ② 食事 ③ 別食 ④ 朝食
7. 일정한 규칙 아래 기술을 겨룸 (   ) ① 洞里 ② 競馬 ③ 走力 ④ 競技

🐦 **다음 글을 읽고 한자어(漢字語)의 독음(讀音)을 쓰시오.**

8. 민간에서 쓴 역사책을 野史(   )라고 합니다.

🐦 **다음 글을 읽고 물음에 답하시오.**

9. 다음 중 '史'와 음(音)이 같은 한자(漢字)를 고르시오. (   )
   ① 土 ② 士 ③ 走 ④ 助

10. 다음 □ 안에 공통으로 들어갈 수 있는 한자(漢字)를 고르시오.

    草□, 平□, □木   (   )

    ① 形 ② 原 ③ 史 ④ 技

料 헤아릴 료(요)

斗부 6획 (총10획)

料 中 liào

쌀(米)의 양을 말(斗)로 헤아려 무엇을 만들거나 값을 지불하니 '헤아릴 료'
- 米(쌀 미), 斗(말 두)

 뜻 활용

- 料理(요리) : 음식을 일정한 방법으로 만듦. (理:도리 리, 다스릴 리)
  – 어머니께서 맛있는 料理(요리)를 만드십니다.

- 料金(요금) : 사물을 사용, 소비의 대가로 치르는 돈. (金:쇠 금)
  – 버스 料金(요금)이 많이 올랐습니다.

植 심을 식

木부 8획 (총12획)

植 中 zhí

나무(木)는 곧게(直) 세워 심으니 '심을 식'
- 木(나무 목), 直(곧을 직, 바를 직)

 뜻 활용

- 植木(식목) : 나무를 심음. (木:나무 목)
  – 植木(식목)은 나라 사랑을 실천하는 길입니다.

- 植物(식물) : 잎이 광합성을 하며 뿌리로 양분을 흡수하는 생물체. (物:만물 물)
  – 우리는 사라져 가는 동물이나 植物(식물)들을 보호해야 합니다.

料 料 料 料 料 料 料 料				植 植 植 植 植 植 植 植 植 植			
料	料			植	植		
헤아릴 료	헤아릴 료			심을 식	심을 식		

 던질 **투**
扌(手)부 4획 (총7획)
投 中 tóu

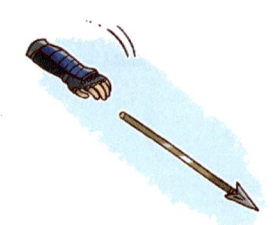

손(扌)으로 창(殳)을 던지니 '던질 투'
• 扌(손 수 변), 殳(칠 수, 창 수, 몽둥이 수)

- 投手(투수) : 내야 중앙에서 포수에게 공을 던지는 사람. (手:손 수)
  - 아버지는 젊은 시절 프로 야구팀의 投手(투수)로 활약하셨습니다.
- 投入(투입) : 인원·물자 등을 어떤 큰 일에 쓰는 것. (入:들 입)
  - 질서 유지를 위해 현장에 경찰을 投入(투입)하였습니다.

 물러날 **퇴**
辶부 6획 (총10획)
退 中 tuì

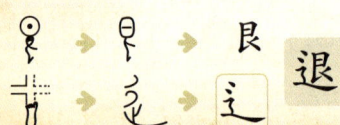

하던 일을 멈추고(艮) 물러가니(辶) '물러날 퇴'
• 艮(어긋날 간, 멈출 간), 辶(갈 착, 뛸 착)

- 退場(퇴장) : 어떤 장소에서 나가는 것. (場:마당 장)
  - 공연을 마친 배우가 무대에서 退場(퇴장)을 하였습니다.
- 退行(퇴행) : 뒤로 물러남. (行:다닐 행)
  - 연습이 게을러서 기술이 退行(퇴행) 하였습니다.

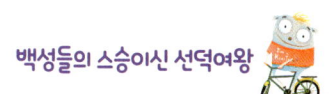

 화합할 **협**
十부 6획 (총8획)

协 中 xié

 많은(十) 힘을 합하여(劦) 도우니 '화합할 협', '도울 협'
· 十(열 십, 많을 십), 劦(힘 합할 협)

· **協**力(협력) : 어떤 일을 하는데 도움을 주는 것. (力:힘 력)
  − 친구들과 **協**力(협력)하여 화단의 풀을 모두 뽑았습니다.

· **協**心(협심) : 마음을 합함. (心:마음 심)
  − "우리가 **協**心(협심)하면 일이 잘 될거야."

 칠 **타**
扌(手)부 2획 (총5획)

打 中 dǎ

 손(扌)에 망치 들고 못(丁)을 치듯이 '칠 타'
· 扌 = 手(손 수), 丁(고무래 정, 못 정, 장정 정)

· 强**打**(강타) : 세게 쳐서 큰 타격을 입힘. (强:강할 강)
  − 태풍이 제주도를 强**打**(강타)하였습니다.

· **打**字(타자) : 종이 위에 글자를 찍음. (字:글자 자)
  − 컴퓨터로 **打**字(타자) 연습을 하였습니다.

協 協 協 協 協 協 協				打 打 打 打 打			
協	協			打	打		
화합할 **협**	화합할 협			칠 타	칠 타		

수행평가

🐦 다음 한자(漢字)의 훈(訓)과 음(音)을 찾아 그 번호를 쓰시오.

1. 植 (   ) ① 물러날 퇴 ② 심을 식 ③ 합할 협 ④ 다를 별
2. 退 (   ) ① 심을 식 ② 던질 투 ③ 물러날 퇴 ④ 칠 타

🐦 다음의 훈(訓)과 음(音)에 맞는 한자(漢字)를 찾아 그 번호를 쓰시오.

3. 던질 투 (   ) ① 投   ② 協   ③ 別   ④ 打
4. 헤아릴 료 (   ) ① 史   ② 料   ③ 退   ④ 別

🐦 다음의 뜻에 맞는 한자어(漢字語)를 고르시오.

5. 마음을 합함   (   ) ① 協力 ② 心身 ③ 協心 ④ 協助
6. 생산에 쓰이는 재료 (   ) ① 料金 ② 食料 ③ 原料 ④ 飮料
7. 뒤로 물러남   (   ) ① 退食 ② 退身 ③ 退去 ④ 退行

🐦 다음 글을 읽고 한자어(漢字語)의 독음(讀音)을 쓰시오.

8. 4월 5일은 植木日(   )입니다.

🐦 다음 글을 읽고 물음에 답하시오.

9. 다음 중 '植'과 음(音)이 같은 한자(漢字)를 고르시오. (   )
   ① 走   ② 協   ③ 食   ④ 水

10. 다음 ☐ 안에 공통으로 들어갈 수 있는 한자(漢字)를 고르시오.

    ☐力, ☐心, ☐同   (   )

    ① 走   ② 協   ③ 本   ④ 水

 끝 **말**

木부 1획 (총5획)

末 ⓒ mò

木 → 末 → 末

나무(木)에서 긴 가지(一) 끝이니 '끝 말'
- 木(나무 목), 一(한 일)

- 週末(주말) : 한 주일의 끝. (週:돌 주)
  - 우리 가족은 週末(주말)에 여러 가지 일을 합니다.
- 末年(말년) : 인생의 마지막 무렵. (年:해 년)
  - 저 그림은 유명한 화가가 末年(말년)에 그린 작품입니다.

 스승 **사**

巾부 7획 (총10획)

师 ⓒ shī

𠂤 → 𠂤 → 𠂤
帀 → 帀 → 帀   師

쌓인(𠂤), 즉 많은 제자들이 빙 둘러(帀) 있으니 '스승 사'
- 𠂤[쌓일 퇴, 언덕 퇴(堆)의 본자], 帀(두를 잡)

- 師弟(사제) : 스승과 제자. (弟:아우 제, 제자 제)
  - 師弟(사제) 간에는 믿음이 있어야 합니다.
- 敎師(교사) : 자격을 가지고 학생을 가르치는 사람. (敎:가르칠 교)
  - 敎師(교사)는 사랑과 정성으로 학생들을 가르칩니다.

末末末末末					師師師師師師師師師				
末	末				師	師			
끝 말	끝 말				스승 사	스승 사			

수행평가

🦉 다음 한자(漢字)의 훈(訓)과 음(音)을 찾아 그 번호를 쓰시오.

1. 末 (   )   ① 끝 말   ② 아닐 미   ③ 올 래   ④ 심을 식
2. 師 (   )   ① 배울 학   ② 합할 협   ③ 스승 사   ④ 근원 원

🦉 다음의 훈(訓)과 음(音)에 맞는 한자(漢字)를 찾아 그 번호를 쓰시오.

3. 스승 사 (   )   ① 學   ② 史   ③ 技   ④ 師
4. 끝 말 (   )   ① 料   ② 末   ③ 未   ④ 植

🦉 다음의 뜻에 맞는 한자어(漢字語)를 고르시오.

5. 학생을 가르치는 사람 (   )   ① 敎師   ② 學生   ③ 師弟   ④ 師道
6. 아직 다가오지 않은 때 (   )   ① 去來   ② 來往   ③ 未來   ④ 正午
7. 스승과 제자   (   )   ① 師道   ② 敎師   ③ 學校   ④ 師弟

🦉 다음 글을 읽고 한자어(漢字語)의 독음(讀音)을 쓰시오.

8. 형은 나에게는 태권도 師父(   )이기도 합니다.

🦉 다음 글을 읽고 물음에 답하시오.

9. 다음 중 '師'와 음이 같은 한자(漢字) 고르시오. (   )
   ① 未   ② 別   ③ 末   ④ 四

10. 다음 ☐ 안에 공통으로 들어갈 수 있는 한자(漢字)를 고르시오. (   )

    ☐弟, ☐道, 敎☐

   ① 師   ② 敎   ③ 學   ④ 生

단원평가

다음 한자(漢字)의 훈(訓)과 음(音)을 쓰시오.

1. ① 原 (　　　　) 　 ② 打 (　　　　)

다음의 뜻에 맞는 한자(漢字)를 〈보기〉에서 골라 사자성어(四字成語)를 완성하시오.

보기: 同　漁　面

2. 둘이 다투는 사이 엉뚱한 사람이 이익을 취함. ➡ ○夫之利

3. 여러 사람의 말이 한결같음. ➡ 異口○聲

4. 이전에 만난 일이 없어 전혀 모름. ➡ 生○不知

다음 글을 읽고 물음에 답하시오.

5. 한자(漢字)의 독음(讀音)이 다른 것끼리 짝지어진 것을 고르시오. (　　)
　① 技-氣　② 史-事　③ 師-士　④ 未-來

6. 뜻이 서로 상대되는 것끼리 짝지어진 한자어(漢字語)를 고르시오. (　　)
　① 投打　② 協同　③ 植木　④ 史書

7. 뜻이 서로 비슷한 것끼리 짝지어진 한자어(漢字語)를 고르시오. (　　)
　① 原料　② 原本　③ 退行　④ 師弟

8. 다음 중 '別'과 어울리는 한자(漢字)를 고르시오. (　　)
　① 斗　② 食　③ 邑　④ 手

다음의 어원(語原)에 해당하는 한자(漢字)를 고르시오.

9. 나무에서 긴 가지의 끝을 나타냄. (　　)
　① 末　② 木　③ 來　④ 本

10. 열 사람이 힘을 합침. (　　)
　① 合　② 同　③ 協　④ 別

한자어를 만들어요

지금까지 배운 한자(漢字)를 이용하여 한자어(漢字語)를 만들어 볼까요?
보기와 같이 한자어를 만들고 그 뜻(訓)을 간단히 적어봅시다.

보기 生 日 花

| 生日 | 생일 | 태어난 날 |
| 生花 | 생화 | 살아있는 초목에서 꺾은 꽃 |

協 同 心

| | | |
| | | |

原 料 本

| | | |
| | | |

投 入 下

| | | |
| | | |

부수한자를
QR로 확인하세요.

214字 부수(部首) 일람표

1획

一	한 일
丨	뚫을 곤
丶	점 주
丿	삐칠 별(삐침)
乙(乚)	새 을
亅	갈고리 궐

2획

二	두 이
亠	머리 두(돼지머리 해)
人(亻)	사람 인(인변)
儿	어진사람 인
入	들 입
八	여덟 팔
冂	멀 경(멀경몸)
冖	덮을 멱(민갓머리)
冫(氷)	얼음 빙(이수변)
几	안석 궤(책상궤)
凵	입 벌일 감(위터진 입 구)
刀(刂)	칼 도(선칼 도)
力	힘 력
勹	쌀 포
匕	비수 비, 숟가락 비
匚	상자 방(터진 입 구)
匸	감출 혜(터진 에운 담)
十	열 십
卜	점 복
卩(㔾)	병부 절(마디 절)
厂	굴바위 엄, 민엄 호, 언덕 한
厶	사사로울 사(마늘 모)
又	또 우, 오른손 우

3획

口	입 구
囗	에울 위(큰입 구)
土	흙 토
士	선비 사
夂	뒤져 올 치
夊	천천히 걸을 쇠
夕	저녁 석
大	큰 대
女	여자 여
子	아들 자
宀	집 면(갓머리)
寸	마디 촌
小	작을 소
尢(兀)	절름발이 왕
尸	주검 시
屮	싹날 철(풀 초)
山	메, 산 산
巛(川)	내 천(개미허리)
工	장인 공
己	몸 기
巾	수건 건(헝겊 건)
干	방패 간
幺	작을 요(어릴 요)
广	바위집 엄(엄 호)
廴	길게 걸을 인(민책받침)
廾	손 맞을 공(스물 입)
弋	주살 익
弓	활 궁
彐(彑)	돼지머리 계(터진가로 왈)
彡	터럭 삼(삐친 석 삼)
彳	두인 변(조금 걸을 척)

4획

心(忄)	마음 심(심방변)
戈	창 과
戶	지게 호(문 호)
手(扌)	손 수(재방변)
支	지탱할 지
攴(攵)	칠 복(등글월 문)
文	글월 문
斗	말 두
斤	도끼 근(날근변)
方	모 방
无(旡)	없을 무(이미 기)
日	날 일
曰	가로 왈
月	달 월
木	나무 목
欠	하품 흠
止	그칠 지
歹(歺)	뼈앙상할 알(죽을사변)

149

214字 부수(部首) 일람표

4획

殳	몽둥이칠 수(갖은등글월 문)
母	말 무, 없을 무
比	견줄 비
毛	터럭 모
氏	성씨 씨(각시 씨)
气	기운 기
水(氵)	물 수(삼수변)
火(灬)	불 화
爪(爫)	손톱 조
父	아버지 부(아비 부)
爻	사귈 효(점괘 효, 본받을 효)
爿	조각널 장(장수장변)
片	조각 편
牙	어금니 아
牛(牜)	소 우
犬(犭)	개 견(개사슴록변)

5획

玄	검을 현
玉(王)	구슬 옥(임금 왕)
瓜	오이 과
瓦	기와 와
甘	달 감
生	날 생
用	쓸 용
田	밭 전
疋	발 소(짝필변)
疒	병들 녁(병질 엄)
癶	걸을 발(필발머리)
白	흰 백
皮	가죽 피
皿	그릇 명
目	눈 목
矛	창 모
矢	화살 시
石	돌 석
示(礻)	보일 시
禸	짐승 발자국 유
禾	벼 화
穴	구멍 혈
立	설 립

6획

竹	대 죽
米	쌀 미
糸	실 사(실 멱)
缶	장군 부
网(罒)	그물 망
羊(羋)	양 양
羽	깃 우
老(耂)	늙을 로
而	말 이을 이
耒	쟁기 뢰
耳	귀 이
聿	붓 률
肉(月)	고기 육(육달월변)
臣	신하 신
自	스스로 자
至	이를 지
臼	절구 구(확구)
舌	혀 설
舛	어그러질 천
舟	배 주
艮	그칠 간
色	빛 색
艸(艹)	풀 초(초두)
虍	범 호, 범가죽무늬 호
虫	벌레 충
血	피 혈
行	다닐 행
衣(衤)	옷 의
襾(西)	덮을 아

7획

見	볼 견
角	뿔 각
言	말씀 언
谷	골 곡
豆	콩 두
豕	돼지 시
豸	벌레 치, 해태 치
貝	조개 패
赤	붉을 적
走	달아날 주

150

7획

足(𧾷)	발 족
身	몸 신
車	수레 거, 수레 차
辛	매울 신
辰	별 진, 날 신
辵(辶)	쉬엄쉬엄 갈 착(책받침)
邑(⻏)	고을 읍(우부방)
酉	닭 유
釆	분별할 변
里	마을 리

8획

金	쇠 금, 성 김
長(镸)	긴 장
門	문 문
阜(⻖)	언덕 부(좌부방)
隶	미칠 이
隹	새 추
雨	비 우
靑(青)	푸를 청
非	아닐 비

9획

面	낯 면
革	가죽 혁
韋	가죽 위
韭	부추 구
音	소리 음
頁	머리 혈
風	바람 풍
飛	날 비
食(飠)	밥 식
首	머리 수
香	향기 향

10획

馬	말 마
骨	뼈 골
高	높을 고
髟	머리 늘어질 표(터럭발 삼)
鬥	싸울 투
鬯	울집 창
鬲	오지병 격
鬼	귀신 귀

11획

魚	물고기 어
鳥	새 조
鹵	소금밭 로
鹿	사슴 록
麥	보리 맥
麻	삼 마

12획

黃	누를 황
黍	기장 서
黑	검을 흑
黹	바느질 치

13획

黽	맹꽁이 맹
鼎	솥 정
鼓	북 고
鼠	쥐 서

14획

| 鼻 | 코 비 |
| 齊 | 가지런할 제 |

15획

| 齒 | 이 치 |

16획

| 龍 | 용 룡 |
| 龜 | 거북 귀(구) |

17획

| 龠 | 피리 약 |

방구팔삼월(方口八三月)

1

수행평가

14쪽	1.②	2.④	3.④	4.①	5.고금	6.금년	7.문답	8.②	9.③	10.문답
18쪽	1.③	2.④	3.②	4.③	5.활용	6.서실	7.출입	8.②	9.②	10.출입
20쪽	1.④	2.③	3.②	4.①	5.ㄱ	6.ㄷ	7.ㄴ	8.②	9.③	10.④

단원평가

21쪽　1.① 마실 음　② 물을 문　2. 氵　3. 食　4. ②　5. ④
　　　6. ③　7. ④　8. ③　9. ③　10. 생략

2

수행평가

28쪽	1.③	2.②	3.①	4.④	5.우계	6.기분	7.거실	8.①	9.②	10.①
32쪽	1.④	2.①	3.①	4.③	5.온도	6.풍우	7.약풍	8.②	9.④	10.①
34쪽	1.①	2.③	3.③	4.②	5.ㄷ	6.ㄱ	7.ㄴ	8.②	9.④	10.③

단원평가

35쪽　1.① 흩을 산　② 급할 급　2. 氵　3. 攵　4. ②　5. ③
　　　6. ①　7. ④　8. ②　9. ②　10. 생략

3

수행평가

42쪽	1.①	2.③	3.④	4.②	5.②	6.①	7.③	8.평화	9.②	10.④
46쪽	1.①	2.②	3.③	4.④	5.②	6.①	7.④	8.유무	9.②	10.④
48쪽	1.②	2.③	3.②	4.①	5.④	6.③	7.①	8.혈육	9.②	10.④

단원평가

49쪽　1.① 옮길 운　② 붓 필　2. 口　3. 彳　4. ②　5. ①
　　　6. ①　7. ②　8. ④　9. ②　10. 생략

4

수행평가

56쪽	1.②	2.①	3.④	4.③	5.①	6.③	7.②	8. 정품	9.①	10.④
60쪽	1.②	2.③	3.④	4.②	5.①	6.④	7.④	8. 왕국	9.③	10.④
62쪽	1.①	2.②	3.④	4.④	5.③	6.②	7.①	8. 등산	9.①	10.②

단원평가

63쪽　1.① 바를 정　② 말 두　2. 古　3. 問　4. 無　5. ④
　　　6. ①　7. ①　8. ③　9. ③　10. 생략

별의 눈동자

수행평가

70쪽	1.③	2.②	3.②	4.④	5.③	6.①	7.②	8. 한랭	9.②	10.③
74쪽	1.③	2.②	3.③	4.④	5.①	6.①	7.②	8. 의식주	9.①	10.④
76쪽	1.④	2.①	3.④	4.②	5.③	6.④	7.①	8. 선수	9.④	10.②

단원평가

77쪽　1.① 찰 냉, 랭　② 가르칠 교　2. 風　3. 血　4. 字　5. ③
　　　6. ①　7. ③　8. ②　9. ①　10. 생략

지혜로운 선덕여왕과 지귀

1

수행평가

쪽	1	2	3	4	5	6	7	8	9	10
84쪽	①	②	③	②	④	②	①	인사	②	④
88쪽	①	②	③	②	④	①	②	주야	①	③
90쪽	④	②	③	①	①	③	②	야생	④	③

단원평가

91쪽 1. ① 길 도 ② 밤 야 2. 美 3. 鳥 4. 萬 5. ③
6. ② 7. ① 8. ④ 9. ② 10. 氣, 氣, 動

2

수행평가

쪽	1	2	3	4	5	6	7	8	9	10
98쪽	③	①	②	④	②	①	②	동색	③	①
102쪽	④	②	③	①	①	②	②	각목	④	③
104쪽	①	③	②	④	①	④	③	행동	②	①

단원평가

105쪽 1. ① 마당 장 ② 뿔 각 2. ②, ㄱ 3. ③, ㄴ 4. ①, ㄷ 5. ③
6. ④ 7. ① 8. ① 9. ② 10. 本, 本, 日

3

수행평가

쪽	1	2	3	4	5	6	7	8	9	10
112쪽	②	③	③	①	②	①	③	오후	②	④
116쪽	②	③	①	①	④	②	③	자매	④	②
118쪽	②	②	④	①	①	②	④	억만금	③	②

단원평가

119쪽 1. ① 맑을 청 ② 서로 상 2. ③, ㄷ 3. ②, ㄱ 4. ①, ㄴ 5. ①
6. ③ 7. ② 8. ② 9. ③ 10. 人, 人, 路

4

수행평가

쪽	1	2	3	4	5	6	7	8	9	10
126쪽	①	④	③	②	②	③	①	광학	①	③
130쪽	①	②	④	③	②	①	④	승패	③	④
132쪽	①	②	③	②	④	②	①	공동	②	④

단원평가

133쪽 1. ① 패할 패 ② 큰바다 양 2. ②, ㄱ 3. ①, ㄷ 4. ③, ㄴ
5. ③ 6. ③ 7. ① 8. ① 9. ① 10. ④

백성들의 스승이신 선덕여왕

수행평가

쪽	1	2	3	4	5	6	7	8	9	10
140쪽	①	②	②	①	③	③	④	야사	②	②
144쪽	②	③	①	②	③	③	④	식목일	③	②
146쪽	①	③	④	②	①	③	④	사부	④	①

단원평가

147쪽 1. ① 근원 원 ② 칠 타 2. 漁 3. 同 4. 面
5. ④ 6. ① 7. ② 8. ② 9. ① 10. ③

기본한자 색인

3-1단계

방구팔삼월
별의 눈동자

한자	음	훈	쪽수
居	거	살	27
古	고	옛	12
敎	교	가르칠	72
國	국	나라	58
今	금	이제, 지금	12
急	급	급할	27
氣	기	기운	26
答	답	대답할	13
代	대	대신할	61
斗	두	말	55
登	등	오를	61
來	래(내)	올	59
冷	랭(냉)	찰	69
立	립(입)	설	59
無	무	없을	44
問	문	물을	13
文	문	글월	33
氷	빙	얼음	71
散	산	흩을	29
霜	상	서리	30
書	서	글	17
夕	석	저녁	68
先	선	먼저	75
雪	설	눈	75
世	세	인간	57
習	습	익힐	73
市	시	시장	55
食	식	먹을	19
室	실	집	17
弱	약	약할	29

한자	음	훈	쪽수
言	언	말씀	41
熱	열	더울	31
溫	온	따뜻할	31
王	왕	임금	58
用	용	쓸	15
雨	우	비	26
運	운	옮길	40
有	유	있을	44
肉	육	고기	47
飮	음	마실	19
音	음	소리	68
衣	의	옷	73
入	입	들	16
字	자	글자	33
正	정	바를	54
主	주	주인	57
住	주	살	72
紙	지	종이	45
車	차, 거	수레	71
出	출	날	16
平	평	평평할	40
品	품	물건	54
風	풍	바람	30
筆	필	붓	45
寒	한	찰	69
行	행, 항	다닐, 항렬	43
血	혈	피	47
和	화	화목할	41
活	활	살	15
孝	효	효도	43

가나다 순

3-2단계

지혜로운 선덕여왕과 지구!
백성들의 스승이신 선덕여왕

한자	음	훈	쪽수
歌	가	노래	89
加	가	더할	117
角	각	뿔	101
強	강	강할	99
競	경	다툴	127
共	공	함께	131
光	광	빛	125
技	기	재주	138
當	당	마땅할	96
道	도	길	85
同	동	한가지	97
動	동	움직일	103
洞	동, 통	마을, 통할	124
路	로(노)	길	85
料	료(요)	헤아릴	141
離	리(이)	떠날	111
里	리(이)	마을	124
萬	만	일만	83
末	말	끝	145
妹	매	손아래누이	114
面	면	낯	86
美	미	아름다울	83
未	미	아닐	115
凡	범	무릇	82
別	별	다를	139
福	복	복	100
服	복	옷	101
事	사	일, 섬길	82
史	사	역사	138
師	사	스승	145

한자	음	훈	쪽수
相	상	서로	113
勝	승	이길	128
植	식	심을	141
安	안	편안할	100
夜	야	밤	87
野	야	들	89
洋	양	큰 바다	129
億	억	억	117
午	오	낮	110
原	원	근원	139
危	위	위태로울	127
邑	읍	고을	125
姉	자	손윗누이	114
場	장	마당	96
庭	정	뜰	111
助	조	도울	113
朝	조	아침	131
晝	주	낮	87
走	주	달릴	128
直	직	곧을	115
淸	청	맑을	110
村	촌	마을	86
打	타	칠	143
退	퇴	물러날	142
投	투	던질	142
敗	패	패할	129
合	합	합할	97
幸	행	다행	99
協	협	화합할	143
形	형	형상	103

반의어(反意語) / 상대어(相對語) 뜻이 반대(상대)되는 한자

古(옛 고) ↔ 今(이제 금)   問(물을 문) ↔ 答(대답할 답)
言(말씀 언) ↔ 行(행할 행)   有(있을 유) ↔ 無(없을 무)
出(날 출) ↔ 入(들 입)

동의어(同意語) 뜻이 같은 한자

居(살 거) ― 住(살 주)   文(글월 문) ― 字(글자 자)
運(옮길 운) ― 行(다닐 행)   寒(찰 한) ― 冷(찰 랭)
生(날 생) ― 活(살 활)

동음이의어(同音異義語) 음이 같고 뜻이 다른 한자

居(살 거) ― 巨(클 거)   古(옛 고) ― 高(높을 고)
今(이제 금) ― 金(쇠 금)   夕(저녁 석) ― 石(돌 석)
雨(비 우) ― 右(오른 우)   肉(고기 육) ― 育(기를 육)
住(집 주) ― 主(주인 주)   紙(종이 지) ― 地(땅 지)
和(화목할 화) ― 花(꽃 화)   問(물을 문) ― 門(문 문) ― 文(글월 문)

사자성어(四字成語)

東問西答(동문서답) : 東(동녘 동) 問(물을 문) 西(서녘 서) 答(대답할 답)
묻는 말에 대해 전혀 엉뚱한 대답을 한다는 말

東西古今(동서고금) : 東(동녘 동) 西(서녘 서) 古(옛 고) 今(이제 금)
인간 사회의 모든 시대를 뜻할 때 쓰이는 말

馬耳東風(마이동풍) : 馬(말 마) 耳(귀 이) 東(동녘 동) 風(바람 풍)
말 귀에 봄바람, 흘려버리거나 알아듣지 못함.

百發百中(백발백중) : 百(일백 백) 發(필 발) 百(일백 백) 中(가운데 중)
쏘기만 하면 어김없이 맞음, 계획이나 예상이 꼭꼭 들어 맞음.

雪上加霜(설상가상) : 雪(눈 설) 上(위 상) 加(더할 가) 霜(서리 상)
'눈 위에 서리를 더함'으로, 나쁜 일이 겹쳐서 일어날 때 쓰는 말

眼下無人(안하무인) : 眼(눈 안) 下(아래 하) 無(없을 무) 人(사람 인)
'눈 아래 사람이 없음'으로, 교만하여 남을 업신여길 때 쓰는 말

一口二言(일구이언) : 一(한 일) 口(입 구) 二(두 이) 言(말씀 언)
말을 이랬다 저랬다 할 때 쓰이는 말

一字千金(일자천금) : 一(한 일) 字(글자 자) 千(일천 천) 金(쇠 금)
'한 글자가 천금'으로, 지극히 가치 있는 문장을 말할 때 쓰는 말

前無後無(전무후무) : 前(앞 전) 無(없을 무) 後(뒤 후) 無(없을 무)
전에도 없었고 앞으로도 있을 수 없음.

風月主人(풍월주인) : 風(바람 풍) 月(달 월) 主(주인 주) 人(사람 인)
자연을 즐기는 풍치있는 사람

3-1단계 기본한자 판별지

 방구팔삼월
별의 눈동자

자	훈(뜻)	음(소리)	字	訓	音	자	훈(뜻)	음(소리)	字	訓	音
古	옛	고	雨	비	우	筆	붓	필	市	시장	시
今	이제,지금	금	氣	기운	기	血	피	혈	立	설	립(입)
問	물을	문	弱	약할	약	肉	고기	육	急	급할	급
答	대답할	답	風	바람	풍	正	바를	정	斗	말	두
活	살	활	溫	따뜻할	온	品	물건	품	登	오를	등
用	쓸	용	熱	더울	열	王	임금	왕	來	올	래(내)
出	날	출	文	글월	문	國	나라	국	散	흩을	산
入	들	입	字	글자	자	寒	찰	한	夕	저녁	석
書	글	서	平	평평할	평	冷	찰	랭(냉)	先	먼저	선
室	집	실	和	화목할	화	世	인간	세	運	옮길	운
飮	마실	음	言	말씀	언	代	대신할	대	音	소리	음
食	밥	식	行	다닐,항렬	행,항	居	살	거	衣	옷	의
霜	서리	상	有	있을	유	住	살	주	主	주인	주
氷	얼음	빙	無	없을	무	敎	가르칠	교	車	수레	차,거
雪	눈	설	紙	종이	지	習	익힐	습	孝	효도	효

學校　　　學年　　　班　　　姓名

3-2 단계

지혜로운 선덕여왕과 지귀
백성들의 스승이신 선덕여왕

자	훈(뜻)	음(소리)	字	訓	音	자	훈(뜻)	음(소리)	字	訓	音
凡	무릇	범	料	헤아릴	료(요)	形	형상	형	技	재주	기
事	일, 섬길	사	合	합할	합	場	마당	장	當	마땅할	당
道	길	도	同	한가지	동	洋	큰 바다	양	動	움직일	동
路	길	로(노)	幸	다행	행	服	옷	복	末	끝	말
晝	낮	주	福	복	복	離	떠나갈	리(이)	美	아름다울	미
夜	밤	야	直	곧을	직	別	다를	별	師	스승	사
相	서로	상	角	뿔	각	邑	고을	읍	植	심을	식
助	도울	조	投	던질	투	面	낯	면	午	낮	오
姉	손윗누이	자	打	칠	타	洞	마을, 통할	동, 통	危	위태로울	위
妹	손아래누이	매	未	아닐	미	里	마을	리(이)	庭	뜰	정
競	다툴	경	安	편안할	안	加	더할	가	朝	아침	조
走	달릴	주	億	억	억	歌	노래	가	淸	맑을	청
勝	이길	승	萬	일만	만	強	강할	강	村	마을	촌
敗	패할	패	野	들	야	共	함께	공	退	물러날	퇴
原	근원	원	史	역사	사	光	빛	광	協	화합할	협

집필진	양혜순* (전 서울상지초등학교)	양복실 (전 서울상신초등학교)

*표시는 집필 책임자임

심의진 경기도교육청 인정도서심의회 위원

이종미* (샘모루초등학교)	오성철 (서울교육대학교)
이경호 (고려대학교)	김진희 (함현초등학교)
이용승 (성사초등학교)	이호석 (임진초등학교)
이소영 (안산원곡초등학교)	최하나 (정왕고등학교)

*표시는 인정도서심의회 심사위원장임

감수진

고상렬 (전 교문초등학교)	김득영 (전 능길초등학교)
임재범 (영광여자고등학교)	신용배 (전 장파초등학교)

편집 디자인 VISUALOGUE

삽화 이문정, 수아, 이수정, 유희준

교육부의 위임을 받아 경기도교육청에서 2021년 인정·승인을 하였음.

초등학교 생각의 나이테 초등한자 3단계

초판 발행	2021. 3. 1.
5쇄 발행	2025. 1. 2.
지은이	양혜순 외 1인
발행인	글샘교육(주) 경기도 광명시 일직로 43, A동 2104호(일직동, GIDC)
인쇄인	주)타라티피에스 경기도 파주시 상지석길 245 (상지석동, (주)타라)

이 교과서의 본문 용지는 우수 재활용 제품 인증을 받은 재활용 종이를 사용했습니다.
교과서에 대한 문의사항이나 의견이 있는 분은 교육부와 한국교과서연구재단이 운영하는 교과서민원바로처리센터
(전화: 1566-8572, 웹사이트: http://www.textbook114.com 또는 http://www.교과서114.com)에 문의하여 주시기 바랍니다.

이 도서에 게재된 저작물에 대한 보상금은 문화체육관광부장관이 정하는 기준에 따라
사단법인 한국복제전송저작권협회(02-2608-2800, www.korra.kr)에서 저작재산권자에게 지급합니다.

내용관련문의: 한자교육평가원 (경기도 광명시 일직로 43, A동 2104호(일직동, GIDC))
개별구입문의: 홈페이지 주소 www.gsedu.co.kr 02-549-1155 한자교육평가원